Dr. Renate Jones

AGGRESSIVER HUND
WAS TUN?

Kosmos

INHALT

Aggressives Verhalten ▸ 7

4 ▸ Zu diesem Buch
7 ▸ Aggressionsformen
10 ▸ Diagnose
14 ▸ Auslöser für aggressives Verhalten
16 ▸ Medizinische Aspekte
18 ▸ Prognose
20 ▸ Fallbeispiel Tom

Verstärkung und Motivation ▸ 27

27 ▸ Unbewusste Verstärkung
28 ▸ Motivation
30 ▸ Belohnung

Management ▸ 39

39 ▸ Umgang mit einem aggressiven Hund
39 ▸ Sofortmaßnahmen
44 ▸ Weitere Maßnahmen

Gefühle verändern ▸ 51

51 ▸ Verhaltenstherapeutische Maßnahmen
51 ▸ Systematische Desensibilisierung
52 ▸ Gegenkonditionierung
53 ▸ Beziehungsänderung zwischen Hund und Halter

Erwünschtes Verhalten trainieren ▸ 69

69 ▸ Sicherheit durch Kontrolle
70 ▸ Erfolgreiches Lernen
79 ▸ Erwünschte Verhaltensweisen
96 ▸ Fallbeispiel Tom
106 ▸ Hund-Hund-Aggression innerhalb der Familie

INHALT

Grundlagen des Lernens ▸ 109

- 109 ▸ Lernen und individuelle Fitness
- 111 ▸ Gewöhnung und Sensibilisierung
- 112 ▸ Klassische Konditionierung
- 119 ▸ Instrumentelle Konditionierung
- 125 ▸ Strafe und Vermeidung
- 135 ▸ Flooding

Service ▸ 137

- 137 ▸ Zum Weiterlesen
- 137 ▸ Nützliche Adressen
- 138 ▸ Register
- 140 ▸ Impressum

Paco hat mich gelehrt, wie wichtig es ist, Übungen präzise durchzuführen. Davon hat er graue Haare bekommen ...

Zu diesem Buch

Im ersten Band, „Aggressionsverhalten bei Hunden", habe ich gezeigt, dass aggressives Verhalten zum normalen Verhaltensrepertoire von Hunden gehört und einen Überblick über Ursachen, Entwicklung des Verhaltens und die dazugehörige Körpersprache gegeben. Leider führt das an sich normale Aggressionsverhalten von Hunden im Zusammenleben von Mensch und Hund immer wieder zu Schwierigkeiten.

Mit dem hier vorliegenden Buch erfülle ich daher den Wunsch nach einem Buch über die Behandlung von aggressivem Verhalten bei Hunden, der von meinen Klienten und vielen Lesern des Buches über Aggressionsverhalten an mich herangetragen wurde.

Ich zeige, wie unerwünschtes aggressives Verhalten bei Hunden positiv verändert werden kann und beschreibe die einzelnen Behandlungsschritte und ihre Wirkungsweise genau.

Leben zu zweit macht mehr Spaß – wenn man sich gut versteht!

▸ **Erfolgsaussichten**

Das Ausmaß der Änderung hängt vom Ausmaß des eigenen Einsatzes ab, also davon, wie regelmäßig und wie präzise die Übungen durchgeführt werden, und wie regelmäßig und präzise sie durchgeführt werden *können*. In vielen Fällen wird das durch Umwelt- und Familienverhältnisse erschwert. Auch die eigenen persönlichen Gewohnheiten können sich als Stolperstein erweisen. Die richtige Umsetzung der erforderlichen Trainingsübungen erfordert Übung und eine gewisse »handwerkliche« Geschicklichkeit.

Fehler beim Trainieren können die Wirkung der einzelnen Übungen nicht nur erheblich beeinträchtigen, sie können die Wirkung sogar ins Gegenteil verkehren. Ein Hinweis ist, wenn sich das Verhalten während der Therapie verschlechtert. Das beruht häufig auf Fehlern, die sich unbemerkt einschleichen konnten. Leider kann man sich selbst eben nicht ausreichend beobachten und kritisch überprüfen.

▸ **Therapiemöglichkeiten**

Die Maßnahmen, die ich anwende, beruhen auf wissenschaftlichen Grundlagen. Wer darüber mehr wissen möchte, findet eine Zusammenfassung der entsprechenden lerntheoretischen Prinzipien im letzten Kapitel über Lernbiologie (siehe S. 109). Durch eine sorgfältige und zielgerichtete Anwendung dieser lernbiologischen Regeln kann nicht nur aggressives Verhalten positiv verändert werden, sondern auch alle andere Formen unerwünschten Verhaltens.

Gemeinsames Inspizieren eines Mauselochs.

Aggressives Verhalten

7	▶	Aggressionsformen	16	▶	Medizinische Aspekte
10	▶	Diagnose	18	▶	Prognose
14	▶	Auslöser für aggressives Verhalten	20	▶	Fallbeispiel Tom

Aggressionsformen

Um unerwünschtes Verhalten zu verändern, geht man vor wie in der Medizin. Zur gezielten Behandlung einer Krankheit muss als Erstes die vorliegende Störung eindeutig erfasst werden: Es muss eine genaue Diagnose gestellt werden. Dies gilt ebenso für die Behandlung und Änderung von aggressivem Verhalten: Eine klare Diagnose ist unerlässlich. Dazu muss jedoch Klarheit hinsichtlich der entsprechenden Definitionen herrschen.

In der Verhaltenstherapie findet sich in der Literatur eine Vielfalt von Definitionen für aggressives Verhalten. So kann, je nach Autor, definiert werden anhand
- ▶ dessen, was das aggressive Verhalten auslöst (Auslöser, z. B. Futter),
- ▶ dessen, gegen wen das aggressive Verhalten gerichtet ist (z. B. Menschen),
- ▶ von körperlichen Merkmalen des Aggressors (z. B. mütterlich, zum Schutz der Welpen bzw. bei Scheinträchtigkeit),
- ▶ von Merkmalen des „Objektes" gegen das die Aggression gerichtet ist (z. B. kleine Hunde, Menschen mit Hut),
- ▶ der zugrunde liegenden Ursachen (z. B. Schmerz),
- ▶ oder aber einer Mischung aus allem zusammen.

Viele Autoren gebrauchen z. T. übereinstimmende Begriffe wie z. B. »Beuteaggression«, in anderen Bereichen jedoch auch ganz verschiedene. Es können aber auch mehrere Definitionen für *dieselbe* Verhaltensweise stehen. So benutzt K. Overall die Bezeichnungen Futteraggression und Besitzaggression für aggressives Verhalten zur Verteidigung eines Objektes (s. Tabelle S. 8).

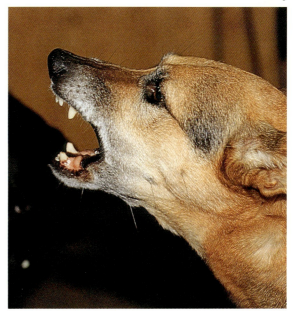

Die zurückgelegten Ohren, der runde Maulwinkel und das weit geöffnete Maul signalisieren: Keine weitere Annäherung!

Definitionen für Aggression: Askew und Overall im Vergleich

Übereinstimmend		Zum Teil übereinstimmend	
H. R. Askew	**K. Overall**	**K. Overall**	**H. R. Askew**
Spielaggression	*Spielaggression*	*Futteraggression*	*Defensive A.*
Mütterliche A.	*Mütterliche A.*	*Besitzaggression*	
Umgerichtete A.	*Umgerichtete A.*	*Angstaggression*	*Interspezifische A. (gegen andere Arten gerichtet)*
Beuteaggression	*Beuteaggression*	*Schmerzaggression*	*Gegen Gruppenmitglieder gerichtet*
Idiopathische A. (= Ursache nicht bekannt)	*Idiopathische A.*	*Territoriale Aggression*	*Gegen Fremde gerichtet*
Dominanzaggression	*Dominanzaggression*	*Schutzaggression Gegen Hunde gerichtet*	*Intraspezifische A. (gegen die eigene Art gerichtet)*

Definitionen für Jagd- und Aggressionsverhalten

Ich werde die betreffenden Verhaltensweisen anhand von *ethologischen Grundlagen* definieren und diese Definitionen zuerst genauer erläutern. Als Erstes möchte ich ausdrücklich zwischen Jagdverhalten und aggressivem Verhalten unterscheiden.

JAGDVERHALTEN ▶ Bei Jagdverhalten, häufig als Beuteaggression bezeichnet, werden andere Gehirnbereiche aktiviert als bei Aggressionsverhalten. Das ist nicht erstaunlich, da die Motivation eine völlig andere ist. Das Ziel des Verhaltens besteht darin, sich einer Beute anzunähern, diese zu ergreifen, zu töten und zu fressen. Zum Jagen gehören die folgenden Verhaltensweisen: Suchen, Erstarren, Fixieren, Lauern, Anschleichen, Warten/Lauern, Nachfolgen, Hetzen, Vorspringen, ohne dass es zum Angriff kommt, Angriff, Kampf, Niederreißen oder -ringen, Beißen und anschließender Tötungsbiss bzw. Totschütteln. Jagdverhalten ist genetisch fixiert, aber nicht allen Hunden ist die komplette Sequenz des Jagdverhaltens *einschließlich Tötungsbiss* angeboren. Eine Kommunikation mit der Beute findet nicht statt. Jagdverhalten wird durch Lernen beeinflusst und verändert und kann gegen alle Lebewesen gerichtet werden, auch gegen Menschen. Jagdverhalten wird durch schnelle Bewegung ausgelöst. Es ist oft die zugrunde liegende Ursache bei der Verfolgung von Menschen oder auch Fahrzeugen.

AGGRESSIVES VERHALTEN ▶ Hier kann man die folgenden Hauptkategorien unterscheiden:
▶ **Aggressives Verhalten aus Angst**
Es beinhaltet aggressives Verhalten gegenüber bekannten wie unbekannten Artgenossen, Menschen oder anderen Lebewesen, die den Hund bedrohen oder *durch die sich der Hund bedroht fühlt*. Ausschlaggebend ist allein die subjektive Empfindung des Hundes.
▶ **Aggressives Verhalten in Verbindung mit Ressourcen** – also von Dingen, die der Hund in Besitz bekommen oder behalten möchte. Dabei kann es sich um einen guten Lagerplatz, Futter oder das Territorium handeln, ein Spielzeug oder die Nähe zu Herrchen oder Frauchen, aber auch um hormonell bedingtes Verhalten, z. B. gegenüber Geschlechtsgenossen oder im Zusammenhang mit der Aufzucht.

Innerhalb einer sozialen Gruppe entscheidet der Rang (Status) über den Zugang zu Ressourcen. Wer einen hohen Rang hat, kann das, was er will, dann haben, wann er will. Aus diesem Grund ordne ich auch statusbezogene Aggressionen in diese Gruppe ein.

Probleme im Zusammenleben mit Hunden werden eigentlich fast immer auf eine gestörte Rangordnung zurückgeführt. Es trifft zu, dass bei Problemverhalten von Hunden oft eine unklare hierarchische Situation innerhalb des Familienverbandes besteht. Meist jedoch ist das eine Begleiterscheinung. Nur in seltenen Fällen ist es *die Ursache* für die Probleme.
▶ Die Unterbrechung bzw. das Verhindern einer beabsichtigten Handlung kann **aggressives Verhalten aus Frustration** auslösen. Hierher gehört z. B. die sogenannte umgerichtete Aggression: Der Zugang zu dem Objekt, gegen das das Verhalten gerichtet werden soll, ist verhindert. Daher wird das Verhalten an jemand anderen adressiert. Das kön-

Körperhaltung und Blick des erwachsenen Hundes sind für diesen Welpen eindeutig: Keine weitere Annäherung! Menschen beachten solche unauffälligen Signale selten und werden dann durch Abwehrverhalten völlig überrascht.

Paco ist das ungewohnte schwarze Auge der Kamera unheimlich – er droht.

nen sogar Gegenstände sein, die sich zufällig in Reichweite befinden.

▶ Auch **organische Ursachen** können für aggressives Verhalten verantwortlich sein, z. B. Gehirn- und Stoffwechselveränderungen. *Chronische* Schmerzen und vermindertes Hör- oder Sehvermögen führen häufig zu einer erhöhten Reizbarkeit oder Angst vor Annäherung und Berührung. *Akuter Schmerz* oder Schock können außerdem *reflexartig* aggressives Verhalten von höchster Intensität auslösen. In diesem Fall erfolgt die Reaktion schlagartig und völlig automatisch. Das betreffende Individuum hat in diesem Augenblick weder Einfluss auf die Reaktion selbst noch auf deren Stärke.

Diagnose

Die erste wichtige Frage zur Klärung der Diagnose ist, gegen wen sich das unerwünschte Verhalten richtet. Sind das ausschließlich Menschen, sind Kinder, Frauen oder Männer betroffen? Wird das Verhalten gegenüber anderen Hunden oder anderen Lebewesen gezeigt? Ist nur eine einzige dieser Gruppen betroffen oder mehrere? Handelt es sich bei den betreffenden Menschen, Hunden oder anderen Lebewesen um Individuen, die dem Hund unbekannt sind, kennt er sie oder lebt er gar mit ihnen zusammen?

> **Info**
>
> Ausschlaggebend für das Verhalten ist letzten Endes die individuelle Situation. Diese wird vom gesundheitlichen Zustand des Hundes, seinem Alter und seinem hormonellen Zustand beeinflusst. Auswirkungen haben natürlich außerdem die Erfahrungen eines Hundes, d. h. das, was er bis zu diesem Zeitpunkt erlebt und gelernt hat.

DIAGNOSE | 11

Nach einer Weile hat er sich an die Kamera gewöhnt und kann entspannen.

▶ **Beobachtung des Hundes**
Die folgenden Fragen sollten möglichst umfassend beantwortet werden.

ZEITPUNKT ▶ Seit wann wird das Verhalten gezeigt? Seit dem Welpenalter, der Pubertät, seit einigen Tagen, Wochen, Monaten? Im Zusammenhang mit einer Lebensumstellung, einer körperlichen Veränderung?

VERHALTEN ▶ Welches Verhalten wird gezeigt? Wie sieht das genau aus? Dazu gehört eine genaue Beschreibung der körpersprachlichen Signale und Lautäußerungen. Hat sich der Hund angenähert? Oder ist die Annäherung durch denjenigen erfolgt, der bedroht oder gebissen wurde?

SITUATIONEN ▶ In welcher Situation wird das Verhalten gezeigt? Im Haus, an einer bestimmten Stelle im Haus, am Lagerplatz? Wenn der Hund einen Gegenstand hat? Nur, wenn man ihm diesen Gegenstand wegnehmen möchte? Wenn sich Menschen annähern? Wenn Menschen oder andere Tiere sich schnell bewegen?

FAKTOREN ▶ Gibt es Faktoren, die in der Situation, in der das aggressive Verhalten auftritt, *immer* vorhanden sind? Inwieweit kann mit Sicherheit vorhergesagt werden, dass der Hund bei Anwesenheit bestimmter Faktoren aggressiv reagieren wird? In welcher Entfernung befinden sich diese Faktoren? Reicht schon eine geringe Intensität aus, um das Verhalten auszulösen?

Die Sammlung dieser Informationen wird als Erfassung des Vorberichts bezeichnet. Je genauer diese Fragen beantwortet werden können und je mehr über die Vorgeschichte eines Hundes bekannt ist, desto eindeutiger kann die Diagnose gestellt werden. Das wiederum ist die Grundlage für die bestmögliche Behandlung.

AGGRESSIVES VERHALTEN

▶ Selbsteinschätzung des Halters

Anschließend an die Erhebung des Vorberichtes ist eine genaue Beobachtung von Hund und Halter unerlässlich, weil der Bericht des Halters aus den folgenden Gründen weder objektiv noch ausreichend umfassend sein kann.

▶ Der Halter sieht sich nicht selbst. Er kann daher seine eigenen Verhaltensweisen und seine eigene Körpersprache in den seltensten Fällen ausreichend berücksichtigen.

▶ Er ist persönlich befangen. Er hat schon eine längere Beziehung mit seinem Hund und sieht ihn durch andere Augen als ein neutraler Beobachter. Zwei Sätze, die ich immer wieder von Hundehaltern höre, die mich wegen aggressiven Verhaltens ihrer Hunde konsultieren, zeigen das sehr schön:

Eigentlich ist er ja ein ganz Lieber – aber manchmal ... Und: *Er ist nicht aggressiv, er mag nur nicht ...*

▶ Meist ist ein Halter durch das unerwünschte Verhalten seines Hundes nicht nur außerordentlich frustriert, sondern leidet unter Wut, Enttäuschung, Angst und Schuldgefühlen. Das gilt besonders bei aggressivem Verhalten innerhalb der Familie, oder wenn der Hund jemanden verletzt hat.

▶ Die Wissenschaft hat im Bezug auf Verhaltenskunde beim Hund in den letzten Jahren große Fortschritte gemacht. Dieses neue Wissen ist bisher in Hundehalterkreisen erst ansatzweise zu finden. Daher wird ein Hundehalter das Verhalten seines Hundes zwangsläufig in vielen Fällen anders bewerten als eine mit dem derzeitigen Stand der Wissenschaft vertraute Fachperson.

Dieser Hund fühlt sich bedroht. Sein Blick sagt deutlich: Anfassen unerwünscht! Ausweichen oder Schnappen sind hier mögliche Reaktionen des Hundes.

▶ Umgang von Hund und Halter

Achten sollte man darauf, wie Halter und Hund miteinander umgehen.

▶ Wie gehen die einzelnen Familienmitglieder miteinander und mit dem Hund um?

▶ Wie ist das Verhältnis zwischen Hund und Halter, zwischen Hund und Familienmitgliedern (entspannt, freundlich, streng, angespannt, misstrauisch)?

▶ Wie befolgt der Hund die Kommandos seiner Halter (nachlässig, freudig, gehemmt, ängstlich – gar nicht)?

▶ Wie werden diese Kommandos gegeben?

▶ Hörsignale

Um herauszufinden, ob ein Hund Wortsignale wie »Sitz« oder »Platz«

zuverlässig befolgt, oder ob er sich nach unbewussten körpersprachlichen Signalen des Halters richtet, bitte ich den Halter, sich mit dem Gesicht dicht zur Wand zu stellen und das Hörzeichen zu sagen. Nur Hunde, die die Wortsignale zuverlässig gelernt haben, setzen oder legen sich auch in dieser Situation auf Aufforderung hin.

▶ **Frustrations- und Lerntest**
Mittels eines Frustrations- und Lerntests kann weiterhin Aufschluss darüber gewonnen werden, wie gut die Frustrationstoleranz des Hundes ist. Reagiert der Hund gelassen, wenn nicht das passiert, was er möchte? Bemüht er sich, einen neuen Weg zu finden, um das zu erreichen, was er will? Reagiert er mit Bellen, Jaulen, bedrängt er Halter oder Tester körperlich? Zeigt er dabei gar aggressives Verhalten?

DURCHFÜHRUNG DES FRUSTRATIONS- UND LERNTESTS ▶ Bei diesem Test können schlagartig aggressive Reaktionen ausgelöst werden. Durch entsprechende Vorkehrungen muss von vornherein jede mögliche Gefahr ausgeschlossen werden. Der Hund sollte so gesichert werden, dass er bei einem Angriff keine der anwesenden Personen erreichen kann. Sichere Leine, gut sitzendes Halsband sind selbstverständlich, das Material sollte vor einem Test auf Sicherheit überprüft werden. Stachelhalsbänder oder Zughalsbänder ohne Stopp sind nicht geeignet.

Der Hund wird mit der Leine an einer sicheren Stelle befestigt und *keinesfalls* von einer Person gehalten.

1. Der Hund bekommt mehrmals hintereinander einen Leckerbissen, der entweder aus der Hand gereicht werden kann oder auf den Boden in Reichweite des Hundes geworfen wird.

2. Nach einigen Malen hält man dem Hund den Leckerbissen hin, er bekommt ihn aber nicht.

3. Das löst Frustration aus und der Hund kann in dieser Situation unterschiedlich reagieren:

Ein Hund, der ruhig und gelassen bleibt, wenn man ihm das Gewünschte vorenthält, hat eine hohe Frustrationsschwelle. Ein Hund, der sich in dieser Situation sehr aufregt oder gar aggressiv reagiert, hat eine schlechte Frustrationskontrolle und eine niedrige Frustrationsschwelle. Das erschwert eine Umerziehung.

Die Zeitspanne, die es dauert, bis der betreffende Hund gelernt hat, sich regelmäßig hinzusetzen, um so den vorenthaltenen Leckerbissen zu

Alles mögliche kann passieren, wenn das Leckerli nicht sofort kommt. Hochspringen ist da noch harmlos ...

bekommen, gibt Hinweise darauf, wie lernfähig er ist. Sie zeigt auch, wie bereit er ist, für Dinge, die er haben möchte, etwas zu leisten (zu arbeiten).

Auf den bisher über Vorbericht, Beobachtung und Tests von Hund und Halter gesammelten Informationen beruht die Diagnose. Der nächste Schritt wäre, wenn das bisher nicht schon erfolgt ist, die Auslösung des aggressiven Verhaltens. Auch hier muss die Sicherheit aller Beteiligten gewährleistet sein. Je nach räumlichen Gegebenheiten kann das mittels Maulkorb geschehen, oder man kann eine Leine benutzen, damit den Hund sicher befestigen, und dann ausreichend Abstand halten. Wünschenswert wäre ein sicheres umzäuntes Gelände, damit Unbeteiligte nicht plötzlich auf der Bildfläche erscheinen können. Videoaufnahmen ermöglichen eine wiederholte Betrachtung des Vorganges und damit eine genaue Analyse. Feinheiten der gesamten Situation, der Körpersprache des Hundes oder der beteiligten Personen können herausgearbeitet und auch, zum Beispiel im Rahmen eines Wesenstests, später belegt werden.

> **Vorsicht**
>
> In manchen Fällen ist es nicht möglich oder ratsam, das aggressive Verhalten direkt abzutesten. Meist zeigen Hunde jedoch genügend Reaktionen, die eine ausreichende Rückschlussmöglichkeit auf ihre Befindlichkeit gestatten und so eine für die Therapie annehmbare Beurteilung des Verhaltens zulassen.

Auslöser für aggressives Verhalten

Ein Hund, der aggressives Verhalten zeigt, tut das nicht 24 Stunden am Tag, sondern nur in bestimmten Situationen. Es gibt also Faktoren, so genannte Auslöser, die *direkt* dafür verantwortlich sind, dass das Verhalten gezeigt wird. Sie sind daran zu erkennen, dass sie *unmittelbar* vor dem aggressiven Verhalten in Erscheinung treten bzw. jedes Mal vorhanden sind, wenn es zu aggressivem Verhalten kommt. Im Prinzip kann jeder Reiz, den die Sinnesorgane aufnehmen können, zu einem erlernten Auslöser werden. Die Wirkung eines Auslösers wächst mit zunehmender Größe und steigender Nähe. Sie sinkt, je weiter der Auslöser entfernt und je kleiner er ist.

▶ **Die drei Distanzen**

Man könnte, um das deutlich zu machen, in unterschiedlicher Entfernung um jeden Hund drei Kreise ziehen. Der äußere Kreis kennzeichnet die so genannte Fluchtdistanz: Alles, was bei der Annäherung an den Hund diese Grenze unterschreitet und für den Hund angsterregend ist, löst Unruhe und Flucht aus. Der mittlere Kreis wird als kritische Distanz bezeichnet: Etwas Beunruhigendes, das dichter herankommt als über den mit diesem Kreis gekennzeichneten Abstand, führt zu Drohverhalten und möglicherweise zu einem Angriff. Die Intimsphäre darf nur von sehr Vertrautem unterschritten werden. Das beinhaltet im Zusammenhang mit Menschen insbesondere natürlich Berührungen.

Je selbstsicherer ein Hund ist, desto dichter am Hund muss man sich diese

Je ängstlicher ein Hund ist, desto früher werden Flucht und Abwehr ausgelöst, desto größer muss man sich dann diese Kreise vorstellen.

Intimsphäre

Kritische Distanz

Fluchtdistanz

Kreise vorstellen. Mit steigender Angst und Unsicherheit steigt auch die Entfernung dieser Kreise zum Hund. Das bedeutet, bei Annäherung eines Angstauslösers kann Angst und die damit verbundenen Reaktionen je nach Hund schon sehr früh, also in größerer Entfernung vom Hund, ausgelöst werden.

BERÜHRUNGEN ▶ Bei manchen Hunden wird die Intimsphäre in dem Augenblick unterschritten, in dem sie berührt werden. Es gibt also Hunde, die Annäherung und/oder auch Körperkontakt ertragen bzw. sogar suchen und sich möglicherweise an einen Menschen anlehnen. In dem Augenblick jedoch, in dem dieser die Hand ausstreckt, um zu streicheln, oder den Hund tatsächlich aktiv berührt, entzieht sich dieser oder reagiert mit Abwehr und schnappt.

Menschen, die die vorhergehenden Signale nicht wahrgenommen haben, erscheint das als unberechenbar und unprovoziert aggressiv. In vielen dieser Situationen ist jedoch vorher eine angespannte Körperhaltung durchaus erkennbar.

▶ **Häufung von Auslösern**
Bei vielen Hunden löst ein *einziger* Faktor das unerwünschte Aggressionsverhalten aus. Es kann jedoch mehr als einen Auslöser geben und oft handelt es sich sogar um eine ganze Reihe.

Je eindeutiger die einzelnen Auslöser identifiziert werden können, desto zielgerichteter kann man dagegen vorgehen. Die Therapie wird umso langwieriger, je mehr Auslöser vorhanden sind. Eine Behandlung wird erschwert, wenn Auslöser nicht eindeutig identifiziert werden können.

AGGRESSIVES VERHALTEN

Beispiele für Auslöser von aggressivem Verhalten

Ursache	Auslöser
Angst aufgrund mangelhafter Sozialisierung mit Hunden	Anblick und Annäherung anderer Hunde, evtl. von Hunden, die ungewohnt aussehen.
Schmerzen aufgrund einer Hüftgelenksdysplasie	Bewegung (genau: ins Auto einsteigen) Berührung (genau: im hinteren Bereich des Rückens. Annäherung von hinten)
Ressourcen: Hormone	Anderer Rüde in Anwesenheit einer befreundeten Hündin.
Frustration durch Verhindern des Kontaktes mit anderen Hunden	Der Hund wird bei Annäherung anderer Hunde an der Leine festgehalten.
Unsicherheit aufgrund nachlassender Sehfähigkeit	Plötzliche Annäherung von der Seite.
Ressourcen: Territorium	Annäherung anderer Menschen an die Wohnungstür.
Angst aufgrund entsprechender Erfahrungen	Tierarzt (genau: Tierarzt nähert sich mit der Spritze in der Hand)

REAKTIVITÄT ▶ Die gleichzeitige Anwesenheit mehrerer Auslöser erhöht die Bereitschaft eines Hundes, aggressiv zu reagieren, die so genannte Reaktivität wird gesteigert. Ein Hund kann außerdem schneller aggressiv reagieren, wenn er sich körperlich unwohl fühlt oder unter Müdigkeit, Hunger oder Durst leidet. Dasselbe gilt für die Gegenwart anderer Stressoren wie z. B. bei der Belastung durch einen erhöhten Geräuschpegel oder unangenehme Umgebungstemperaturen.

Eine Häufung von Stressoren kann der Grund für scheinbar unprovoziertes aggressives Verhalten sein. Häufig jedoch haben Hundehalter oder die Betroffenen die Auslöser nicht wahrgenommen, sei es, weil sie sie übersehen haben, weil alles zu schnell ging oder weil sie nicht darauf geachtet haben. Es kann aber auch daran liegen, dass der oder die Auslöser für Menschen nicht ohne weiteres zu erkennen waren.

Medizinische Aspekte

Auch organische Ursachen können für das unerwünschte Verhalten verantwortlich oder daran beteiligt sein. Sie müssen vor Beginn einer Verhaltensmodifikation ausgeschlossen bzw. behandelt werden.

Ein Hinweis auf organische Ursachen können plötzlich auftretende, nicht nachvollziehbare Reaktionen und Verhaltensveränderungen sein. Schmerzen und nachlassendes Seh- und Hörvermögen sind eine häufige Ursache, eher selten dagegen sind Gehirntumore.

MEDIZINISCHE ASPEKTE

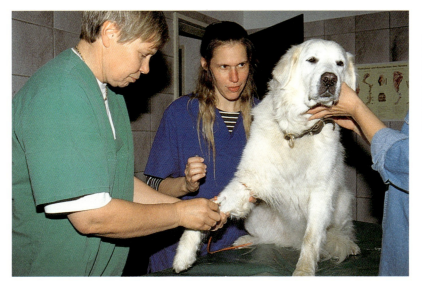

Dieser Hund hat vor Menschen und vor Berührungen keine Angst. Geduldig und ohne Abwehr lässt er die Manipulationen in der Tierarztpraxis über sich ergehen.

Bei nicht behandelbaren Problemen müssen die erforderlichen Maßnahmen den körperlichen Gegebenheiten des betreffenden Hundes angepasst werden. Bei Schmerzen, wie z. B. chronischen Verschleißerscheinungen des Bewegungsapparates, ist eine Schmerztherapie unerlässlich.

Bei Hunden, die trotz gezielter verhaltenstherapeutischer Maßnahmen keine zufrieden stellenden Fortschritte machen, oder bei solchen, die dazu neigen, bei geringen Anlässen übermäßig zu reagieren, sollte die Schilddrüsenfunktion überprüft werden. Bei Werten im unteren Drittel der als Norm betrachteten Werte kann eine Zugabe des Schilddrüsenhormons Thyroxin das Verhalten maßgeblich verbessern.

▶ **Kastration**
Häufig wird zur Besserung von aggressivem Verhalten die Kastration empfohlen. Bei Rüden ist eine positive Wirkung der Kastration dann zu erwarten, wenn die Ursache für das aggressive Verhalten eindeutig das männliche Geschlechtshormon Testosteron ist. Das kann durch eine einmalige Injektion von Androcur® abgeklärt werden. Dieser Stoff, ein so genannter Testosteronantagonist, schaltet die Wirkung von Testosteron vorübergehend vollkommen aus. Wenn damit eine Verbesserung des Verhaltens herbeigeführt wird, wäre die Kastration anzuraten. Sollten andere Ursachen, z. B. Angst oder erlernte Faktoren, dem aggressiven Verhalten zugrunde liegen, ist eine grundlegende Besserung durch die Kastration nicht zu erwarten.

Bei Hündinnen vermindert eine Kastration dann aggressives Verhalten, wenn es im Zusammenhang mit dem Zyklus gezeigt wird. Eine Hündin, die schon vor dem ersten Zyklus auffallend aggressiv ist, sollte nicht kastriert werden. Hier würde die Kastration das Verhalten voraussichtlich weiter verschlechtern.

Prognose

Für den Halter ist es wichtig, eine Zukunftsperspektive zu haben. Mit Hilfe der gesammelten Informationen sollte es möglich sein, eine Prognose zu stellen, das heißt eine Aussage über die Aussichten und den Verlauf der Behandlung zu treffen.

▶ Faktoren, die die Prognose beeinflussen

▶ Wie gefährlich ist das Verhalten des Hundes?
▶ Inwieweit liegen angeborene oder genetisch bedingte Ursachen dem Verhalten zugrunde?
▶ Wie groß ist der Anteil erlernten Verhaltens?
▶ Wie ist das Umfeld des Hundes?
▶ Wie viel Zeit kann und will der Halter täglich üben?
▶ Wie gut kann der Halter die erforderlichen Maßnahmen umsetzen und in sein Leben integrieren?
▶ Wie strukturiert kann das Training durchgeführt werden?
  ▶ Welche Vorarbeiten sind erforderlich?
  ▶ Ist Trainieren in der Öffentlichkeit möglich oder muss in einer gesicherten Umgebung gearbeitet werden?
  ▶ Ist man zum Training auf Zufälle, auf Passanten und Hunde im Park angewiesen?
  ▶ Stehen Personen zur Verfügung, um aggressives Verhalten gegenüber Menschen abzutrainieren?
  ▶ Gibt es geeignete Hunde, die bei »aggressivem Verhalten gegenüber Hunden« für das Training eingesetzt werden können (so genannte Therapiehunde)?

Menschliche Körpersprache wirkt auf Hunde bedrohlich: Bei der eigentlich liebevoll gemeinten Annäherung wendet Bödzi Kopf und Blick ab, die Ohren sind zurückgelegt, die Lippen zusammengepresst und die Gelenke eingeknickt. Der Schwanz wird beim Wedeln auffallend tief gehalten.

GUTE PROGNOSE ▶ Gute Aussichten bestehen, wenn vorhandene medizinische Ursachen behandelt und geheilt werden können, der Hundehalter sehr motiviert ist und die Unterstützung seiner Familie genießt. Günstig ist, wenn er die erforderlichen Maßnahmen gut umsetzen kann und ausreichend Zeit dafür zur Verfügung steht. Die Prognose ist desto besser, je weniger gefährlich der Hund ist, je unbefangener in der Öffentlichkeit gearbeitet werden kann, je mehr Anteile des Verhaltens erlernt und je weniger Auslöser vorhanden sind. Verbessert wird die Prognose weiterhin, wenn ausreichend geeignete Hilfspersonen und Hunde zur Verfügung stehen, die gezielt bei der Therapie eingesetzt werden können.

SCHLECHTE PROGNOSE ▶ Verschlechtert werden die Aussichten auf eine Änderung, wenn der Halter oder enge Bezugspersonen des Hundes nicht ausreichend motiviert sind, wenn es viele Auslöser gibt oder wenn Auslöser nicht identifiziert werden können. Ungünstig ist die Prognose bei nicht änderbaren Faktoren, z. B. bei angeborenen oder genetischen Ursachen für das Verhalten, oder wenn medizinische Probleme nicht behandelt oder geheilt werden können. Das gilt auch für alles, was das Umsetzen der erforderlichen Maßnahmen be- oder verhindert. Das kann die Gesundheit des Halters sein oder Faktoren in seinem Umfeld, z. B. Familienangehörige, die den Hund nicht schätzen.

1 Auch hier löst Streicheln Stress aus, erkennbar am starken Hecheln und der tiefen Rute.
2 Diese Berührung wird als ranganmaßend bezeichnet.
3 Auf den intensiven Blickkontakt, die Körperhaltung und Berührung im Nacken reagiert Bödzi mit Blickabwenden, zurückgelegten Ohren und Lecken über die Nase.

Tom sieht richtig niedlich aus! Das täuscht darüber hinweg, dass Jack Russel Terrier gezüchtet wurden, um im dunklen Bau einem Fuchs gegenüber gewachsen zu sein. Vor einer Bedrohung weicht ein Jack Russel nicht so schnell zurück.

Fallbeispiel Tom

Am folgenden Fall soll die Sammlung der erforderlichen Informationen und Daten sowie die Erarbeitung der Diagnose beispielhaft durchgeführt werden. Dasselbe wird im Hinblick auf die Behandlung später geschehen.

Patient: Tom, Jack Russel, 2 Jahre alt, männlich/kastriert
Halter: Junges Ehepaar, 11-jährige Tochter
Wohnsituation: 5-Zimmerwohnung im 3. Stock in der Stadt

▶ **Probleme**
▶ Tom hat die 11-jährige Caroline und ihre Mutter schon mehrmals gebissen.
▶ Der Vater, der aufgrund seiner beruflichen Situation weniger Kontakt mit ihm hat, wurde mehrmals angeknurrt. Tom hat auch schon nach ihm geschnappt.
▶ Tom beißt unbekannte Menschen und schnappt, wenn sie ihn anfassen wollen.
▶ Er geht jagen, wenn er die Gelegenheit dazu hat.
▶ Das Verhalten wird insgesamt schlechter:
 ▶ Tom knurrt immer öfter,
 ▶ er versucht immer öfter zu jagen.

▶ **Vorbericht**
Laut Vorbericht stammt Tom aus einer Familienaufzucht und hatte schon dort sehr viel Kontakt mit Menschen, auch Kindern. Seine jetzigen Besitzer konnten ihn ab dem Alter von vier Wochen regelmäßig besuchen und haben ihn im Alter von neun Wochen endgültig übernommen. Er ist körperlich in guter Verfassung und erscheint gesund.

Tom hält sich am liebsten in der Nähe seiner Menschen auf, bleibt insgesamt ungern allein und konnte erst ab einem Alter von neun Monaten allein gelassen werden. Er hat innerhalb der Wohnung, je nach Anwesenheit der einzelnen Familienmitglieder, unterschiedlich Zugang zu den einzelnen Räumen. Er hat verschiedene

Ruheplätze, die Nacht verbringt er in einer Reisebox. Er lässt sich von Familienmitgliedern gern kraulen, aber Körperpflegemaßnahmen lässt er nur ungern über sich ergehen.

Auf die Annäherung von Hunden reagiert er zurückhaltend. In letzter Zeit nach einigen weniger angenehmen Erfahrungen mit anderen Hunden zeigt er, vor allem an der Leine, Drohverhalten.

VERHALTEN GEGENÜBER MENSCHEN
▶ Auch dieses hat sich in der letzten Zeit verschlechtert. Besuch wird nicht mehr freudig, sondern eher misstrauisch empfangen, er hat auch schon Passanten ins Bein gebissen. Gegenüber Tochter Caroline ist es mehrmals zu Beißattacken gekommen. Auch die Mutter ist schon mehrfach gebissen worden. Auf Anweisung der Hundeschule wird Tom für derartige unerwünschte Verhaltensweisen gezüchtigt.

Gleich am Anfang in der Hundeschule ist Tom schon für Knurren und Schnappen einmal durch die Trainerin außerordentlich heftig körperlich bestraft worden.

JAGDVERHALTEN ▶ Im Alter von einem Jahr hat Tom begonnen, deutliches Jagdverhalten zu zeigen. Er ließ sich von einer Schafherde jedoch nach ungefähr zehn Minuten abrufen und wurde für seine Rückkehr belohnt. Seither darf er sehr viel weniger frei laufen.

▶ **Beobachtungen**
Während der Konsultation hält Tom zunächst ausgeprägt Abstand. Im Verlauf des Gesprächs beginnt er, sich an mich anzunähern, während ich sitze, und beschnuppert mich. Meinen Versuchen, ihn zu berühren, weicht er deutlich aus.

Tom kommt nicht richtig zur Ruhe, sondern wandert viel umher, inspiziert den Raum und lauscht auf Geräusche. Zwischendurch fordert er von »seinen« Menschen, während diese sitzen, Körperkontakt und Streicheleinheiten und genießt das auch. Wenn sich jedoch Mutter und Tochter Tom nähern, wird Tom unsicher, fürchtet die Annäherung und will nicht gern angefasst werden. Er zeigt Unterordnungs- und so genanntes Beschwichtigungsverhalten: Er knickt in den Gelenken ein, macht sich klein, die Ohren sind zurückgezogen, er wendet den Kopf ab und vermeidet Blickkontakt. Dabei hebt er eine Vorderpfote an und leckt sich immer wieder mit der Zungenspitze über die Nase.

Dieser Welpe lernt: Menschliche Nähe, menschliche Berührung ist nicht bedrohlich, sondern schön. Das Futter macht ihm diese Situation im wahrsten Sinn des Wortes schmackhaft.

Dieser Border Collie zeigt, dass er die Position seines Gegenübers keinesfalls in Frage stellen möchte. Die eingeknickten Gelenke, angelegten Ohren, erhobene Pfote und tiefe Rute signalisieren Demut und wirken auf andere Hunde aggressionshemmend.

ERSTES AGGRESSIVES VERHALTEN ▶

Auf Nachfragen erfahre ich, dass Tom Caroline das erste Mal gebissen hat, als sie über ihn gestolpert und auf ihn gefallen ist. Die späteren Attacken erfolgten, wenn Caroline Tom festgehalten oder überraschend körperlich berührt hat. Bei den Attacken auf die Mutter waren jedes Mal laut schreiende Kinder in der Nähe. Der Vater wurde angeknurrt, wenn

▶ er sich zu Tom niedergebeugt hat,
▶ sich Tom bei Caroline im Bett befand und der Vater sich zum Gute-Nacht-Sagen über Caroline gebeugt hat,
▶ Tom mit Caroline zusammen auf dem Sofa war und der Vater sich mit Schwung dazugesetzt und Tom dabei angestoßen hat.

Unbekannte Menschen hat Tom attackiert, wenn diese sich ihm zugewendet, ihn angesprochen oder versucht haben, ihn anzufassen. In diesen Situationen ist er bellend nach vorn geschossen und hat mehrmals in Hosenbeine gebissen, aber bisher dabei noch niemanden verletzt.

Seit der Anweisung durch die Hundeschule wird Tom für Knurren und wenn er gebissen hat richtig bestraft: Dazu wird er tüchtig am Nackenfell geschüttelt und bekommt ein paar Klapse. Außerdem wird er seither regelmäßig unterworfen, indem er auf den Rücken gedreht und in dieser Position festgehalten wird. Das lässt er sich mittlerweile von Mal zu Mal schlechter gefallen. Ansonsten wird er, wenn er Fehler gemacht hat, getadelt oder ausgeschimpft und bekommt manchmal einen kleinen Klaps.

FRUSTRATIONS- UND LERNTEST ▶

Tom gerät in hohe Erregung: Er hüpft und bellt wie ein Wilder und zupft an meinen Hosenbeinen. Nachdem er sich nach einer Weile erst einmal beruhigt hat, still steht und nicht bellt, kann ich diesen Moment belohnen. Er lernt dadurch sehr schnell, dass es für ihn viel besser ist, sich hinzusetzen und nicht zu bellen.

Beim Spaziergang gerät Tom beim Anblick anderer Hunde in eine sehr hohe Erregungslage: Er springt und schreit fast. Als die Halterin versucht, Tom durch einen Leineruck zur Ruhe zu bringen, fängt er an zu knurren. Der Umgang mit ihm bekannten Hunden ist angemessen. Tom verhält sich sozial kompetent und spielt auch.

▶ Beurteilung

Als Terrier ist Tom einerseits leicht erregbar und andererseits auch zum Einsatz seiner Waffen bereit: gegenüber einem Fuchs eine sinnvolle Kombination, in seiner Lebenssituation leider nicht. Tom erscheint als niedlicher kleiner Hund, ist aber nicht nur energiegeladen, sondern auch wehrhaft. Das täuscht darüber hinweg, dass er in Wirklichkeit sehr unsicher im Umgang mit Menschen ist.

Tom hat seine ersten Lebenswochen in einer Familie mit Kindern verbracht, hatte also eigentlich ausreichend Gelegenheit, ein »normales« Familienumfeld kennen zu lernen und sich daran zu gewöhnen. Um eine Gewöhnung zu erzielen, müssen die gebotenen Reize jedoch die richtige Qualität und Stärke haben. Bei zu vielen und/oder zu starken Reizen kann eine Überstimulierung stattfinden.

Das könnte bei Tom der Fall sein. Dafür spricht, dass ein Zusammenhang zwischen der Anwesenheit von Kindern und einer erhöhten Schreckhaftigkeit von Tom zu bestehen scheint: Die Halterin wurde in Situationen gebissen, in denen unbekannte Kinder in der unmittelbaren Umgebung sehr laut spielten.

Durch die von der Hundeschule empfohlenen körperlichen Züchtigungen hat Tom gelernt, dass seine Menschen auch sehr gefährlich sein können. Die Strafe durch die Hundetrainerin hat ihm außerdem gezeigt, dass das auch für Menschen außerhalb seiner Familie gilt.

Tom ist mittlerweile bei der Annäherung von Menschen grundsätzlich wachsam. In Situationen, in denen er sich nicht selbst zurückziehen kann, knurrt er. Das soll bewirken, dass sich die ihm bedrohlich erscheinenden Personen zurückziehen und so ihren Abstand zu ihm vergrößern sollen. Wenn es nicht gelingt, dies durch Knurren zu erreichen, ist Tom durchaus auch bereit zu beißen.

Die menschliche Körpersprache wirkt auf Hunde oft bedrohlich.
Das führt zu Stress und behindert die Kommunikation.

VERSTÄRKUNG ▶ Leider wird unerwünschtes aggressives Verhalten durch eine Reihe von Faktoren verstärkt:
▶ Jedes Mal, wenn aggressives Verhalten Erfolg hat, wirkt das verstärkend: Das Verhalten wird immer stärker und gleichzeitig immer schneller ausgelöst.
▶ Die normalen und üblichen menschlichen Reaktionen wie Schimpfen oder körperliche Strafen verbessern das Verhalten nicht, sondern verstärken es, weil Angst und Unsicherheit gesteigert werden.
▶ Auch Versuche, Tom zu beruhigen, wenn er sich in einer solchen Erregungslage befindet, verstärken sein Verhalten, weil er freundliche Worte als Lob für sein Verhalten empfindet.

GEHORSAM ▶ Erforderliche Verhaltensweisen wie das Befolgen von Aufforderungen (»Sitz«, »Platz«) beherrscht Tom nicht in ausreichendem Maß, weil sie nicht genug mit ihm geübt worden sind.

Fotos rechte Seite:
1 Die Berührung im Lendenbereich empfindet Lisa als unangenehm – sichtbar vor allem an ihrer glatt nach hinten gezogenen Stirn und den zurückgelegten Ohren.

2 Vorbeugen, Anstarren und Umfangsvermehrung durch die in die Seite gestemmten Arme sind eine für Hunde bedrohliche Körperhaltung.

Derartige Zärtlichkeiten können leicht Abwehr auslösen. Sie sind eine häufige Ursache für Hundebisse.

> **Wichtig**
>
> In Schrecksituationen oder aber auch bei plötzlichen Schmerzen kann aggressives Verhalten automatisch ausgelöst werden und unterliegt in diesem Augenblick nicht einer Entscheidung des Betroffenen. Tom hat also in den mit einem Schreck verbundenen Situationen automatisch reagiert. In einer solchen Situation ist Caroline gebissen worden, als sie über Tom gestolpert ist. Seine Reaktion war keine willentliche, bewusste Entscheidung, sondern eine reflektorische Reaktion. Dieses Erlebnis hat jedoch bei Tom Unsicherheit und Schreckhaftigkeit weiter gesteigert.

AUFMERKSAMKEIT ▶ Es gelingt Tom vor allem im Umgang mit Caroline immer wieder, durch entsprechende Verhaltensweisen Zuwendung zu erlangen. Dadurch ist für ihn seine eigene Rangposition innerhalb der Familie

nicht klar und kann auch nicht klar werden. Diese instabile Rangordnung führt bei Tom zu weiterer Verunsicherung.

▶ **Diagnose**
1. **Aggression gegenüber Menschen**
   a) aus Angst und Unsicherheit
   b) aus Schreck und/oder Schmerz
   Auslöser: Ansehen und Ansprechen durch unbekannte Personen, Annäherung, als bedrohlich empfundene menschliche Körpersprache, zur Berührung ausgestreckte Hand, Berührung, Anwesenheit von Kindern, Leinenruck
2. **Aggression gegenüber Hunden**
   aus Frustration
   Auslöser: Annäherung, Leinenruck, Schimpfen
3. **Unklare Rangordnung**
4. **Jagdverhalten**
5. **Nicht ausreichend trainierte erwünschte Verhaltensweisen wie Rückruf, Sitz, Platz usw.**

▶ **Prognose**
Ein Lebewesen, das Aggression zur Bewältigung von Krisensituationen genutzt hat, wird diese Tendenz auch weiterhin haben. Die Prognose bei Tom für eine Änderung in diesem Bereich ist vorsichtig zu stellen. Dasselbe gilt für die automatischen Schreck- und Schmerzreaktionen.

Es können jedoch zur Lösung von Konflikten andere Strategien eingeübt werden. Je früher damit begonnen wird, desto besser sind die Aussichten. Das Ausmaß der Änderungen hängt davon ab, wie lange und wie intensiv trainiert wird. Hier ist die Prognose günstig, vor allem, da die Halter sehr motiviert sind.

Solange es aber Tom weiterhin gelingt, Carolines Aufmerksamkeit jederzeit auf sich zu ziehen, wird eine einwandfreie Rangeinweisung beeinträchtigt. Das stört den Aufbau einer festen Hierarchie.

AGGRESSION GEGEN FAMILIENMITGLIEDER ▶ Wenn mit Tom regelmäßige Übungseinheiten von allen auch konsequent durchgeführt werden (können), kann innerhalb einiger Monate eine grundlegende Änderung der innerfamiliären Verhaltensweisen bewirkt werden.

AGGRESSION GEGENÜBER UNBEKANNTEN MENSCHEN ▶ Mit steigendem Vertrauen gegenüber den »eigenen« Menschen kann Tom anschließend lernen, sich in für ihn beunruhigenden Situationen an seine Menschen zu wenden, anstatt selbst aktiv zu werden.

AGGRESSION GEGEN ANDERE HUNDE ▶ Aufgrund des Jagens wird Tom mehr an der Leine geführt und hat deswegen weniger Gelegenheit sich auszutoben. Wenn er geistig und körperlich nicht besser ausgelastet werden kann, besteht die Gefahr, dass es durch Frustration und die damit einhergehende erhöhte Erregung vermehrt zu aggressiven Reaktionen kommen kann.

ABTRAINIEREN VON AUSLÖSERN UND ERLERNEN VON HÖRZEICHEN ▶ Tom ist ein junger Hund und hat gezeigt, dass er außerordentlich schnell lernt. Gute Grundlagen können hier innerhalb des nächsten halben Jahres aufgebaut werden. Die genaue Dauer hängt von der Intensität des Trainings ab.

Verstärkung und Motivation

27 ▶ Unbewusste Verstärkung
28 ▶ Motivation
30 ▶ Belohnung

Unbewusste Verstärkung

Der Einstieg in eine Änderung von unerwünschten Verhaltensweisen wird häufig dadurch erschwert, dass sich diese Verhaltensweisen oft über Jahre in einem engen Zusammenspiel zwischen Hund und Halter entwickelt haben. Vom Halter unbewusste körpersprachliche Signale und/oder Worte, aber auch jegliche Aufmerksamkeit und Zuwendung im falschen Augenblick können Verstärker oder sogar Auslöser für das unerwünschte Verhalten des Hundes sein. Das gilt für aggressives Verhalten gegenüber Familienmitgliedern ebenso wie gegenüber Außenstehenden, seien das nun Menschen oder andere Hunde. Auch bei unerwünschtem Jagdverhalten erfolgt oft eine unbeabsichtigte und unbewusste Verstärkung durch den Halter.

Unbewusste Verstärker belohnen das unerwünschte Verhalten, erhalten es aufrecht und verstärken es weiter. Um das Verhalten des Hundes zu ändern, müssen derartige Verstärker erkannt und abgebaut werden. Für den Hundehalter ist es jedoch fast unmöglich, in den zum Teil seit Jahren eingeschliffenen Gewohnheiten die Anteile wahrzunehmen, die für die Fehlentwicklung oder für die Aufrechterhaltung des unerwünschten Verhaltens verantwortlich sind.

▶ **Hilfe durch sachkundige Anleitung**
Unbewusste Verstärker können fast nur mit Hilfe eines qualifizierten Trainers oder Verhaltenstherapeuten wahrgenommen und anschließend ausgeschaltet werden. Erst wenn das erfolgreich geschehen ist, kann auch das Verhalten des Hundes geändert werden.

Beide, Hund und Halter, können die erforderlichen neuen Verhaltensweisen leichter unter sachkundiger Anleitung erwerben. Zudem sind Situationen, in denen man es mit einem aggressiven Hund zu tun hat, angsterregend. Besonders in der Öffentlichkeit kann eine geschulte Begleitperson Störfaktoren reduzieren. Sie kann z. B. die unerwünschte Annäherung anderer Hunde und Menschen verhindern. Ich empfehle daher, *vor allem am Anfang* professionelle Unterstützung in Anspruch zu nehmen.

Zuwendung und Blickkontakt wirken als Verstärkung. Häufig macht das der Hundehalter ganz unbewusst und verstärkt so unbeabsichtigt unerwünschtes Verhalten. Hier handelt es sich um erlernten Blickkontakt.

Eine Belohnung ist etwas, das der Betreffende gern haben oder tun möchte. Letzten Endes entscheidet also der Hund, was man als Belohnung einsetzen wird.

INDIVIDUELLE BETREUUNG ▶ Bei aggressivem Verhalten ist eine ganz spezielle intensive Betreuung erforderlich. Diese kann in einer Gruppenstunde nicht geleistet werden. Einerseits erhöht die Anwesenheit anderer Hunde und Menschen die Ablenkung und den Stress für Hund und Hundehalter. Das wiederum erschwert und verlangsamt den Lernprozess und kann ihn sogar verhindern. Andererseits bestehen unnötige Risiken für und durch andere Gruppenteilnehmer, da notwendige Sicherheitsabstände leicht unterschritten werden können.

Den Bedürfnissen aller Beteiligten kann am besten in Einzelstunden Rechnung getragen werden. Hund, Halter und Trainer können sich so ohne Stress und Ablenkung auf das Eintrainieren der erforderlichen Übungen konzentrieren. Dadurch und mittels einer objektiven Überprüfung der Übungen in regelmäßigen Abständen durch eine qualifizierte Fachperson kann das Einschleichen von Fehlern von vornherein vermieden oder minimiert werden.

Ab einem gewissen Trainingszustand kann später eine Gruppe genutzt werden, um unter Ablenkung zu trainieren. Allerdings muss jede Gefahr für die Teilnehmer ausgeschlossen sein.

Motivation

Verhalten ist umso leichter zu ändern, je mehr Lust man dazu hat. Je mehr Spaß die dazu erforderlichen Übungen machen, desto zuverlässiger werden sie ausgeführt und desto wahrscheinlicher ist ein Erfolg. Das gilt für Hund und Halter gleichermaßen.

Gerade die Halter von Hunden, die aggressives Verhalten zeigen, stehen unter besonderem Stress. Sie fallen in der Öffentlichkeit unangenehm auf, jeder Spaziergang kann zum Spießrutenlauf werden. Damit fühlt sich der Halter eines aggressiven Hundes unter hohem Erfolgsdruck. Das jedoch ist leider eher störend als förderlich für eine erfolgreiche Änderung des Verhaltens. Um diesen Druck zu reduzieren, sollte jeder, der einen »Problemhund« hat, zunächst die Tatsachen einfach akzeptieren und versuchen, aus der bestehenden Situation das Beste zu machen.

▸ **Schaffung optimaler Trainingsbedingungen**
Änderungen von problematischem Verhalten dauern ihre Zeit. Gewohnheiten, und darum handelt es sich, können nicht von einem Tag auf den anderen verändert werden. Das große Ziel, einen sozial kompetenten Hund zu haben, muss in realistische Teilziele unterteilt werden. Kleinere Teilziele können schneller erreicht werden, das macht Erfolg sichtbar. Das wiederum motiviert dazu, weiter bei der Stange zu bleiben.

Stress kann weiterhin reduziert und Erfolg schneller erreicht werden, wenn in einer geschützten und überschaubaren Situation trainiert wird. Viele Übungen können und sollten daher zunächst ungestört im Haus, in der Wohnung und im Garten durchgeführt werden, bis sie an diesen Orten perfekt funktionieren.

Aufhören sollte man, wenn es gerade am besten läuft – bevor man erschöpft oder sogar schon frustriert ist, weil nichts mehr klappt. Den Abschluss sollte eine Übung bilden, die der Hund schon gut kann: Dann haben Hund und Halter Erfolg und beide freuen sich auf das nächste Mal.

Motivierend wirkt nicht nur das Spielzeug, sondern auch das sichtbare Vergnügen des menschlichen Partners.

▸ **Wichtig**

Damit Training Spaß macht, sollten die Übungen dann ausgeführt werden, wenn der Halter entspannt ist und Lust hat, sich mit seinem Hund zu beschäftigen. Viele kurze über den Tag verteilte Trainingseinheiten sind besser als eine lange. Gerade Hunde mit Fehlverhalten können sich häufig nur einige Minuten wirklich konzentrieren. Daher sind kurze Übungseinheiten, täglich fünf bis zehn Mal einige Minuten, besser als einmal eine halbe oder gar eine ganz Stunde lang.

Belohnung

Es gibt viele Möglichkeiten, einen Hund zu belohnen. Man muss sich jedoch Gedanken darüber machen, was am besten wirken würde, und die Belohnung ganz individuell dem Hund und der Trainingssituation anpassen. Der Hund muss die Belohnung auch als solche empfinden, und das kann sich von einem Tag auf den anderen ändern. Die Wahl einer geeigneten Belohnung ist für die Motivation des Hundes ausschlaggebend. Die richtige Belohnung für die jeweilige Aufgabe fördert erfolgreiches Lernen.

Die Wirksamkeit einer Belohnung hängt ab von den angeborenen Eigenschaften, dem erlernten Verhalten und der jeweiligen Situation, in der sich ein Hund gerade befindet. Dadurch entsteht für jeden einzelnen Hund eine individuelle Mischung, die sich noch dazu von einem Augenblick auf den anderen ändern kann. Für den einen ist Schmusen eine wunderbare Sache, der andere würde für ein Ballspiel alles tun. Es ist wie bei Menschen. Auch wir finden nicht immer dasselbe gleich toll und tun dasselbe gleich gern. Wenn ich müde bin, ist ein Ballspiel nicht unbedingt eine Belohnung. Wenn ich satt bin, ist eine Sahnetorte kein Ansporn für eine besondere Leistung.

▸ Zuwendung

Zuwendung in jeder Form wirkt besser, wenn sie dem Hund nicht tagtäglich unbegrenzt zur Verfügung steht, wenn man sich also zuvor rar gemacht hat. Allerdings kann man immer wieder beobachten, dass Hunde beim Training, wenn sie sich auf eine bestimmte Aufgabe konzentrieren, Streicheln und Angefasst werden nicht unbedingt als Belohnung empfinden. Das kann man

Zerrspiele können als Belohnung eingesetzt werden. Allerdings sollten die Regeln für beide Seiten klar sein und auch der Hund gewinnen dürfen.

daran erkennen, dass Hunde häufig ein bisschen zurückweichen, wenn die Hand zum Streicheln ausgestreckt wird, ganz besonders dann, wenn Tätscheln auf dem Kopf beabsichtigt ist.

> **Wichtig**
>
> Oft stimmen die Vorstellungen, die Menschen davon haben, wie Hunde gerne spielen, nicht damit überein, wie Hunde gerne spielen.

▸ **Spiel**

Für erfolgreiches Lernen und Üben ist als Belohnung etwas erforderlich, was der Hund in diesem Augenblick gern haben oder tun möchte. Wenn er etwas braucht oder haben möchte, ist er auch bereit, etwas dafür zu tun. Für alle Belohnungen gilt daher: Es muss ein Bedarf bestehen. Diesen Bedarf muss man zum Glück nicht dem Zufall überlassen, sondern kann ihn selbst herstellen:

▸ Ein Spielzeug funktioniert besser, wenn es nicht immer zur freien Verfügung auf dem Fußboden herumliegt.
▸ Spiele funktionieren besser, wenn sie dosiert angeboten werden und das Spiel beendet wird, bevor der Hund nicht mehr mag.

KÖRPERSPRACHE BEIM SPIEL ▸
Die aufrechte menschliche Gestalt ist für Hunde häufig beunruhigend, besonders, wenn man sich schnell frontal an den Hund annähert.

Mit der Zeit werden Hunde natürlich mit der menschlichen Körpersprache vertraut. Dennoch fühlen sie sich im Spiel öfter bedroht, als uns bewusst ist: Ein Grund dafür, dass Hunde derartige Spiele oft vorzeitig abbrechen.

Dieses Spiel hat seinen Spaßfaktor verloren. Die vorgebeugte Körperhaltung und die Berührung wirken für den Hund bedrohlich. Das ist oft Ursache dafür, dass ein Hund ein Spiel vorzeitig abbricht.

Auch grobe Raufereien sind für Hunde nicht unbedingt vergnüglich. Sie können dazu führen, dass sich ein Hund selbst grobes Verhalten angewöhnt.

Beim Spielen sollte man daher auf eine nicht-bedrohliche Körpersprache achten. Der Hund sollte nicht körperlich bedrängt werden. Als besonders bedrohlich wird direktes Anstarren empfunden, oder wenn man sich über den Hund beugt. Das sollte man also beim Spielen besser vermeiden. Stattdessen kann man sich klein machen, und, soweit möglich, seitlich vom Hund in die Hocke gehen.

FREUDE BEIM SPIEL ▸ Ein Spiel soll Spaß machen. Da es wenig vergnüglich ist, wenn man jedes Mal verliert, sollten natürlich auch Hunde bei solchen Spielen gewinnen dürfen! In einer wissenschaftlichen Arbeit ist übrigens nachgewiesen worden, dass Gewinnen im Spiel nicht zu unerwünschtem Aggressionsverhalten führt.

LOB ▸ Menschen erkennen die *Inhalte* der Worte »Braav!« oder »So ist's schön!« als Anerkennung und Lob. Für Hunde gewinnen derartige Worte erst mit der Zeit aufgrund der mit ihnen verbundenen Ereignisse an Bedeutung. Das kann die vergnügte und entspannte Körpersprache des Menschen sein, oder auch die Tatsache, dass eine Strafe vorbei ist oder gar nicht stattfindet. Die positive Wirkung eines Lobwortes kann beschleunigt erzielt werden, wenn das Wort vom ersten Augenblick mit einer Futterbelohnung verknüpft wird.

▸ Futterbelohnung

Der Einsatz eines geliebten Spielzeugs oder eines Spiels als Belohnung ist im Hundetraining üblich und akzeptiert. Aber natürlich bietet sich auch Futter als Belohnung an. Gerade im Bereich von unerwünschtem aggressivem Verhalten hat die Belohnung durch Fressen einen großen Vorteil: Essen bewirkt eine grundsätzliche Umstimmung. Essen beruhigt. Der Körper wechselt aus einer Erregungslage, aus der Kampfbereitschaft, in einen entspannten Zustand.

Im Gegensatz zu einer Bestechung erfolgt eine Belohnung oder eine Bezahlung hinterher, im Austausch dafür, dass ein Verhalten auf Wunsch des Besitzers ausgeführt worden ist. Ein Hund, der für eine Belohnung etwas leistet, zeigt damit, dass er auf die Wünsche seines Menschen achtet. Er reagiert angemessen und befolgt die Wünsche, weil er gelernt hat, dass er so eine Belohnung verdienen kann. Ein geordnetes Belohnungssystem ermöglicht eine verständnisvolle, aber disziplinierte Kontrolle.

> ### ▸ Bestechung/Belohnung
> Viele Menschen empfinden den Einsatz von Futter in der Erziehung und zur Veränderung von unerwünschtem Verhalten bei Hunden als Bestechung. In Wirklichkeit ist eine Futterbelohnung, richtig verabreicht, eine Bezahlung, so ähnlich wie ein Gehalt. Der Unterschied zwischen Bestechung und Belohnung ist wichtig. Eine Bestechung erfolgt vor dem erwünschten Verhalten. Dabei wird ein Lockmittel eingesetzt, um den Hund abzulenken oder um zu erreichen, dass er ein unerwünschtes Verhalten nicht ausführt, das der Halter auf anderem Wege nicht kontrollieren kann. Als vorübergehende Lösung darf das gezielt eingesetzt werden, um einen Hund zu einem bestimmten Verhalten zu verlocken, welches man dann belohnen und auf diese Weise verstärken kann. Das sollte aber nicht zum Dauerzustand werden.

▸ Richtiges Belohnen

Die meisten Hunde wissen sehr genau, was man in der Tasche hat – besonders wenn das Futter ist. Aber das wird dem Hund nicht dauernd als Lockmittel vor die Nase gehalten. Er bekommt die Belohnung erst, wenn er eine geforderte Aufgabe erfüllt hat. Dazu muss man natürlich ausreichend Belohnungen zur Verfügung haben, um sie bei Bedarf einsetzen zu können.

Das Futter sollte weich, schmackhaft und schnell abzuschlucken sein. Langes Kauen lenkt ab, an kleinen harten

Wenn Hunde gut miteinander auskommen, kann man auch mit beiden gemeinsam arbeiten.

DREI WICHTIGE GRUNDSÄTZE ▶
Die Belohnung muss während oder unmittelbar im Anschluss an das erwünschte Verhalten gegeben werden.
▶ Wenn etwas Neues gelernt werden soll, muss *jedes Mal* belohnt werden, wenn das erwünschte Verhalten ausgeführt wird.
▶ Sobald ein Hund das erlernte Verhalten zuverlässig ausführt, sollte das Verhalten nicht mehr jedes Mal, sondern unüberschaubar mal nach dem zweiten, mal nach dem dritten, mal nach dem ersten und mal nach dem vierten Mal belohnt werden (das wird als zufällige oder intermittierende Belohnung bezeichnet). Oder wenn er es besonders schön oder besonders schnell gemacht hat.

Teilen kann sich der Hund leichter verschlucken. Wenn ein Hund für sein normales Futter gern arbeitet, kann selbstverständlich auch das eingesetzt werden.

Bei der Auswahl von Futterbelohnungen muss auf Verträglichkeit geachtet werden. Manche Hunde vertragen künstliche Farb- oder Konservierungsstoffe nicht, und Schokolade kann giftig wirken. Das Futter soll motivieren und belohnen, aber wenn es zu sehr begeistert, verhindert es Entspannung und der Hund kann sich nicht mehr konzentrieren. Immer das gleiche Futter als Belohnung langweilt manche Hunde, also muss für Abwechslung gesorgt werden.

Wenn man Verschiedenes dabei hat, kann ganz spontan von Fall zu Fall entschieden werden, was der Hund bekommt: Käse, Wurst oder Huhn. Bei einer besonders guten Leistung kommt die Überraschung: Jackpot! Etwas Tolles und viel davon!

Hier wird das Futter als Lockmittel eingesetzt. Endziel ist ganz dichtes Vorsitzen. Ein Hund, der das zuverlässig ausführt, hat keine Augen mehr für den Rest der Welt.

Ein Luftstoß aus der Futtertube kann beim ersten Einsatz einen Schreck auslösen und den weiteren Gebrauch der Tube unmöglich machen.

▸ Hilfsmittel

Damit der Hund seine Belohnung im richtigen Moment erhalten kann, müssen Futterbelohnungen rasch zugänglich sein. Jacken mit ausreichend vielen gut zugänglichen Taschen sind bei Menschen, die mit Hunden arbeiten, dementsprechend beliebt. Der Futterbehälter sollte groß genug sein, um einen schnellen Zugriff auf Futterbelohnungen zu ermöglichen. Entsprechende Futterbehälter und Futterbeutel gibt es im Fachhandel. Ich verwende gern runde, mit Deckel schließbare Edelstahldosen, die ich offen in die Tasche stecke. So können Belohnungen jeder Art gut und sauber aufbewahrt werden. Das klappt ausgezeichnet, außer wenn ich mich bücken muss. Da fallen dann manchmal Leckerbissen – zum Vergnügen der Hunde – raus.

Im Gegensatz zu Plastikdosen können diese Edelstahlbehälter nicht zerbissen werden, wenn man sie einfach mal im Auto herumliegen lässt und der Hund versucht, an die Belohnung heranzukommen.

Eine geniale Möglichkeit für Belohnungen ist die wieder auffüllbare Plastiktube (sauber, wiederverschließbar, gut transportabel und gut zu dosieren).

Gut geeignet sind auch Futtertuben (Squeeze Tubes). Sie sind in Läden für Outdoorbedarf zu erhalten und können mit allem Möglichen gefüllt werden. Vorteil der Tuben: Futter kann dem Hund gleichmäßig über einen bestimmten Zeitraum verabreicht werden. Das ist in bestimmten Trainingssituationen sehr nützlich und die Hände bleiben sauber. Die Tuben können allerdings von Hunden zerbissen und geschluckt werden und sollten daher unzugänglich für den Hund aufbewahrt werden.

Nicht geeignet sind knisternde und raschelnde Tüten, da Hunde dieses

Geräusch sehr schnell mit der Belohnung verknüpfen. Ebenfalls nicht geeignet sind Behälter, aus denen eine Belohnung erst mühselig herausgekramt werden muss. Das führt dazu, dass der Hund seine Belohnung oft nicht schnell genug und damit nicht im richtigen Augenblick erhält.

▶ **Clicker**
Ein bestimmtes Verhalten wird nur dann mit der darauf folgenden Belohnung verknüpft, wenn diese Belohnung *innerhalb einer Sekunde* dem Verhalten folgt. Ein erwünschtes Verhalten, das der Hund nicht in unmittelbarer Nähe ausführt, kann gut im richtigen Augenblick belohnt werden, wenn man mit einem Clicker arbeitet. Das kurze Clickgeräusch ist prägnanter als jedes Lobeswort.

Die Mehrzahl der Hunde liebt die Arbeit mit dem Clicker. In Ausnahmefällen können Hunde jedoch ängstlich auf das Geräusch reagieren. Das muss man am Anfang berücksichtigen. In einem solchen Fall kann man entweder ganz auf den Clicker verzichten oder den Hund entsprechend langsam und vorsichtig daran gewöhnen (z. B. den Clicker in der Hosentasche benutzen oder in ein Stofftuch einwickeln). Es gibt mittlerweile auch Clicker, bei denen die Stärke des Clickgeräusches verstellt werden kann.

GRUNDREGELN ▶ Damit der Clicker wirkt, muss der Hund zwischen 30 bis 50 Mal die Erfahrung machen, dass dem Clicken sofort eine Belohnung folgt. Die Verknüpfung zwischen dem Clickgeräusch und der Belohnung erfolgt umso schneller, je attraktiver die Belohnung ist. Der Einsatz des Clickers sollte unter Anleitung eintrainiert werden!
1. Erst klicken, dann belohnen.
2. Immer nur klicken, während das gewünschte und daher zu belohnende Verhalten ausgeführt wird.
3. Nur *einmal* klicken.
4. Das Clicken bedeutet für den Hund das Ende des Verhaltens.

Eine Verknüpfung von Clickgeräusch und Trockenfutter kann natürlich erfolgen. Aber: Je auffallender die beteiligten Reize sind, desto schneller erfolgt eine Verknüpfung. Click und Superfutter wird also schneller verknüpft werden.

Hunde, die ursprünglich kein Interesse an Spielzeug haben, können mittels Clickertraining Freude daran gewinnen.

Hier werden im Freien und damit unter erhöhter Ablenkung Verhaltensweisen geübt, die der Hund können sollte: Schnelle Rückkehr beim Rückrufsignal und Sitzen vor dem Halter. Durch die lange Leine wird sichergestellt, dass der Hund beim Rückruftraining draußen immer noch unter Kontrolle ist.

obwohl der Clicker auch das bewirken kann. Ein derartiger Einsatz würde unbeabsichtigt unerwünschte Verhaltensweisen belohnen und diese damit verstärken.

▶ **Pfeife**

Eine große Zahl von Hunden leistet einem Rückruf gut Folge, wenn es nichts Tolles zu tun gibt, nicht jedoch, wenn irgendetwas Anderes attraktiver ist. Viele Hundebesitzer machen auch irgendwann folgende Erfahrung: Sie selbst sehen etwas und möchten nicht,

Auf jedes »Click« sollte zuverlässig ein Leckerbissen folgen. Wenn das nicht geschieht, vermindert das die Wirkung des Clickers oder verändert sie. Wenn also weniger oft belohnt werden soll (zufällige oder intermittierende Belohnung), muss einfach weniger oft geclickt werden.

Der Clicker dient dazu, punktgenau gewünschtes Verhalten zu markieren, zu belohnen und so zu verstärken. Er darf nicht dazu benutzt werden, die Aufmerksamkeit des Hundes zu gewinnen, oder um den Hund herzurufen,

dass ihr Hund hinläuft. Sie rufen ihn also rechtzeitig zurück, bevor er es gesehen hat. Statt jedoch auf den Rückruf in der gewünschten Weise zu reagieren und zurückzukommen, wird der Hund erst durch den Rückruf aufmerksam, entdeckt, worum es sich handelt, und saust hin. Der Rückruf war also nicht das Signal, zurückzukommen, sondern hat die Aufmerksamkeit des Hundes darauf gelenkt, dass es irgendwo etwas Interessantes gibt. Ein Grund dafür kann sein, dass die Stimme des Halters dem Hund gezeigt hat, wie

Diese Hornpfeife hat eine Seite für den Pfiff (Signal Rückruf) und eine für den Triller (Signal Platz).

BELOHNUNG | 37

dringlich es ist, dass der Hund zurückkommt.

Der Einsatz der Pfeife kann eine derartige Übertragung von Gefühlen vermeiden. Es lohnt sich also, einen Rückruf mittels Pfeife sorgfältig aufzutrainieren.

▸ Therapiehunde

Um eine Hund-Hund-Aggression abzutrainieren, ist ab einem gewissen Zeitpunkt die gezielte Konfrontation mit anderen Hunden erforderlich. Wenn man hierzu nicht auf Passanten

angewiesen ist, sondern geeignete Hunde zur Verfügung stehen, erleichtert dies das Training. Als Therapiehunde dürfen ausschließlich ruhige, selbstsichere und sozial kompetente Hunde eingesetzt werden. Der Einsatz muss genau geplant werden und der Therapiehund darf beim Einsatz weder in Gefahr gebracht noch überlastet werden. Bei Überlastung kann er selbst Hund-Hund-Probleme entwickeln, auch wenn es überhaupt nicht zu »gefährlichen« Situationen gekommen ist.

▸ Therapiemenschen

Um gegen Menschen gerichtetes aggressives Verhalten abzutrainieren, braucht man geeignete Hilfspersonen. Eine solche Hilfsperson muss die gegebenen Instruktionen wortwörtlich befolgen können. Das bedingt absolutes Vertrauen in den Trainer. Gute ethologische Kenntnisse in Bezug auf Hunde wären hilfreich, sind aber nicht Grundvoraussetzung. Der Einsatz muss genau geplant, die Trainingseinheiten müssen sorgfältig strukturiert und inszeniert werden.

▸ Behandlung

Die Behandlung selbst umfasst drei Bereiche:

1. Durch individuell an die Situation angepasstes **Management** wird Konflikten und damit gefährlichen Situationen vorgebeugt (siehe S. 39).

2. Durch **verhaltenstherapeutische Maßnahmen** kann man eine Wandlung der Gefühle des Hundes seiner Umwelt und seinem Halter gegenüber bewirken. Das ist der sicherste Weg, aggressives Verhalten zu ändern. Dadurch kommt es zu weniger Konflikten. Zugleich lernen Hund und Halter neue Wege, Konflikte zu bewältigen (s. S. 51).

3. **Trainieren von neuem, erwünschtem Verhalten**. Die einzelnen Verhaltensweisen kann der Hundehalter dann bei Bedarf abrufen und so seinen Hund besser kontrollieren (siehe S. 69).

Die Belohnung erfolgt in dem Augenblick, in dem der Hund die gewünschte Position einnimmt.

Management

39	▶	Umgang mit einem aggressiven Hund	44 ▶	Weitere Maßnahmen
39	▶	Sofortmaßnahmen		

Umgang mit einem aggressiven Hund

Zunächst müssen geeignete Maßnahmen ergriffen werden, um sicherzustellen, dass kein weiterer Schaden entstehen kann. Der Hund darf ab sofort keine Gelegenheit mehr bekommen, Menschen und andere Hunde bzw. andere Tiere zu verletzen. Es soll aber auch verhindert werden, dass das Verhalten des Hundes selbst durch ungeeignete Maßnahmen weiter verschlechtert wird.

Wenn das im bestehenden Umfeld des Hundes nicht möglich ist und eine ausreichende Kontrolle des betreffenden Tieres nicht garantiert werden kann, muss ein Platzwechsel oder eine Euthanasie in Betracht gezogen werden. Das gilt vor allem wenn Familienangehörige – insbesondere Kinder – gefährdet sind.

Bei Hunden mit schlechter Frustrationskontrolle ist eine Therapie mit erhöhtem Risiko und verminderten Erfolgsaussichten verbunden. Nicht nur bei großen Hunden kann das ein Grund sein, von einer Therapie Abstand zu nehmen.

Sofortmaßnahmen

Für die nachfolgenden Maßnahmen ist kein vorheriges Training erforderlich:
▶ Vermeidung von Konflikten
▶ Vermeiden von positiven Strafen
▶ Hausleine
▶ Schleppleine
▶ Überforderung vermeiden

Jede Konfrontation mit einem aggressiven Hund, gleichgültig welcher Größe, ist potentiell gefährlich. Das allein wäre ein guter Grund, Konfrontationen grundsätzlich zu vermeiden. Es gibt aber weitere wichtige Gründe:
▶ Jedes Mal, wenn das aggressive Verhalten ausgelöst wird, hat der Hund die Möglichkeit erhalten, es zu üben, so dass er es immer besser beherrscht. Bei Hunden, deren Verhalten Angst zugrunde liegt, verschwinden die körpersprachlichen Signale, die Angst anzeigen, zunehmend.

Ein Kopfhalfter muss gut sitzen und individuell angepasst sein. Bei Bjorka sitzen Nacken- und Nasenriemen korrekt. Es ist offensichtlich, dass das Halti sie genau so wenig beeinträchtigt wie ein Halsband.

Bei nicht befreundeten Hunden kann eine derartige Situation zu einem ernsthaften Streit führen.

Das erschwert die Diagnose und damit eine erfolgreiche Therapie.
▶ Mit jedem Aggressionsausbruch wird die Bereitschaft zu aggressivem Verhalten gesteigert. Das aggressive Verhalten wird von Mal zu Mal schneller ausgelöst.
▶ Während ein Hund sich aggressiv gebärdet, ist er nicht fähig, eine neue, erwünschte Verhaltensweise zu erlernen. Er lernt nur – und das leider sehr schnell – dass das aggressive Verhalten Erfolg hat, z.B. wenn die wahrgenommene Bedrohung nachlässt.

▶ **Angst**

Auch die Annahme, dass ein Hund, der Angst hat, diese verliert, wenn man ihn der Angst erregenden Situation immer wieder aussetzt, »damit er sich daran gewöhnt«, trifft so leider nicht zu. Im Gegenteil, meist wird die Angst größer und damit das Verhalten zunehmend schlechter.

▶ **Wichtig**

Für eine Übergangszeit sollten alle Situationen, in denen der Hund sein unerwünschtes Verhalten zeigt, vermieden werden. Je eindeutiger die Auslöser für das aggressive Verhalten identifiziert sind, und je weniger es sind, desto leichter ist das durchführbar. Wenn dennoch derartige Situationen absehbar und/oder unumgänglich sind, so ist es vor allem wichtig, Ruhe zu bewahren.

Nannoq nervt Lisa mit seinem Spielzeug, sie als »Ranghöhere« weist ihn zurecht. Er signalisiert durch seine Körperhaltung deutlich, dass er das akzeptiert. Hier stimmt die Kommunikation.

▸ Hund-Hund-Aggression

Bei einem Hund, der anderen Hunden gegenüber aggressives Verhalten zeigt, sollte sich der Hundehalter einen Standpunkt suchen, wo er möglichst viel Kontrolle hat und nicht umgerissen werden kann. In dieser Situation sollte der Hund einfach nur ruhig festgehalten werden. Auch zügiges Weitergehen und/oder Ausweichen wäre eine mögliche Strategie. Während der Hund unerwünschtes Verhalten zeigt, ist es am besten, wenn der Hundehalter selbst überhaupt nicht reagiert: Der Hund sollte weder beruhigt noch getadelt oder geschimpft und auch nicht angeschaut oder angefasst werden. *Solange* der Hund ruhig ist, und *sobald er wieder* ruhig ist, sollte er beruhigt und gelobt werden.

▸ Hund-Mensch-Aggression

Auch ein Hund, der fremden Menschen gegenüber aggressiv reagiert, sollte derartigen Situationen erst einmal nicht ausgesetzt werden. Das ist natürlich in der Stadt nicht ganz einfach. Möglichkeiten zu Spaziergängen zu Zeiten und/oder an Stellen, wo nicht so viele Menschen unterwegs sind, sollten genutzt werden. Spazierwege sollten strategisch geplant werden. Das Gelände sollte überschaubar, soweit wie möglich ohne Engpässe sein und Ausweichmöglichkeiten bieten. Wenn man dazu ein Stück fahren muss, ist das anzuraten. Wenn es nur *einen* derartigen Spazierweg in erreichbarer Nähe gibt, sollte man diesen immer wieder benutzen.

In der Wohnung sollte ein solcher Hund so untergebracht werden, dass er durch Besuch nicht in eine erhöhte Erregungslage gebracht wird. Je nach Auslöser kann das ein geschützter Platz (siehe S. 49) in einer Ecke sein oder ein anderes Zimmer.

AGGRESSION INNERHALB DER FAMILIE ▸ Bei aggressivem Verhalten gegenüber Familienmitgliedern bergen Auseinandersetzungen nach dem Motto »Ich muss dem Hund zeigen, wer der Herr ist« Risiken und verbessern die ohnehin angespannte Lage auf Dauer nicht.

Wer von seinem eigenen Hund zum ersten Mal ernsthaft angeknurrt wird, sollte zunächst jeden erdenklichen Schaden vermeiden. Das gilt ebenso für die Möglichkeit, in dieser Situation selbst verletzt zu werden, wie auch dafür, dass die Beziehung zwischen Hund und Halter noch weiter verschlechtert wird.

Ich empfehle daher, sich aus dieser Situation erst einmal einfach zurückzuziehen und sie anschließend möglichst genau zu analysieren. Es ist zutreffend, dass der Hund dadurch zunächst den Eindruck gewinnt, dass dieses Verhalten sich lohnt. Aber um eine Änderung einzuleiten und eine weitere Ver-

Gute Kommunikation ermöglicht ein geordnetes Zusammenleben. Nanooq darf gleich nach der Zurechtweisung neben Lisa auf dem Lieblingsplatz entspannen.

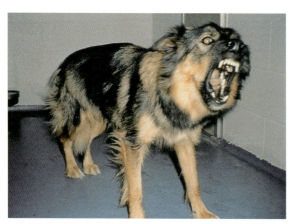 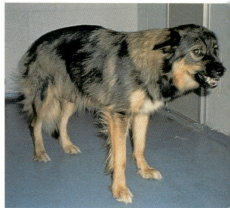

Die eingeknickten Gelenke, das weit aufgerissene Maul, die weit gestellten Pupillen und die zurückgelegten Ohren sind eindeutige Signale für Angst – ausgelöst durch die Annäherung eines unbekannten Menschen. (Fotos von Michael W. Fox)

schlimmerung zu vermeiden, müssen erst Ursache und Auslöser klar erkannt werden. Aggressives Verhalten ereignet sich nur selten einfach aus dem Nichts. Meist werden insbesondere Beißvorfälle schon lange vorher durch eine ganze Reihe von Verhaltensweisen angezeigt.

▶ **Konflikte entschärfen**

Grundsätzlich sollte bei Hunden, die sich gegenüber einzelnen Familienmitgliedern aggressiv verhalten, alles vermieden werden, was das Verhalten auslöst. Das kann dadurch geschehen, dass der Hund von vornherein keinen Zugang zu den Dingen erhält, die das Verhalten auslösen, oder dass der Halter bestimmte Handlungen umgeht. Je nach Verhalten und Hund kann das bedeuten, dass der Hund

▶ zu manchen Bereichen keinen Zugang mehr hat und sich nur noch an bestimmten Stellen im Haus oder der Wohnung aufhalten darf;

▶ manche Spielzeuge oder Gegenstände im Augenblick überhaupt nicht mehr haben darf;

▶ Spielzeuge oder andere Gegenstände nur noch unter Aufsicht bekommt.

Je nachdem, was das aggressive Verhalten auslöst, kann es sein, dass der Halter bestimmte eigene Verhaltensweisen ändern oder unterlassen sollte. Das kann die Annäherung an den Hund unter bestimmten Umständen sein, z. B. beim Fressen oder wenn er in seinem Korb ruht. Es kann die Körperpflege des Hundes betreffen, oder die Art, wie mit ihm gespielt oder wie er gefüttert wird.

Wenn es trotz aller Vorsichtsmaßnahmen zu aggressivem Verhalten kommt, muss vor allem Ruhe und Besonnenheit bewahrt werden. Geschrei und Aufregung verschlimmern die Lage. Das gilt gleichermaßen, ob man mit einem aggressiven Hund lebt oder ob man beim Spaziergang in eine entsprechende Situation gerät. An erster Stelle steht, dass alle Beteiligten so wenig beschadet wie möglich aus einer derartigen Situation hervorgehen. Den Hund zu bestrafen oder zu beweisen, dass man dem Hund überlegen ist, führt erfahrungsgemäß zu einer weiteren Verschlechterung des Verhaltens (siehe auch »Aggressionsverhalten beim Hund«, Literatur S. 137).

SOFORTMASSNAHMEN 43

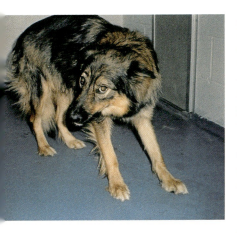

▶ Vermeiden von positiven Strafen

Unter einer positiven Strafe versteht man das *Zufügen* von unangenehmen Dingen. Das beinhaltet das Schütteln am Nackenfell, den Ruck an der Leine, aber auch schon lautes Rufen und Anschreien (siehe S. 126). Es gilt sogar schon für Körperhaltungen, die auf den Hund bedrohlich wirken.

Positive Strafen werden als Konflikt empfunden und führen über Frustration zu einer stärkeren Stressreaktion des Hundes. Sie belasten das Vertrauensverhältnis zwischen Hund und Halter und können sogar aggressives Verhalten gegen den Halter zur Folge haben. Aus diesen Gründen sollten positive Strafen grundsätzlich vermieden werden, sowohl bei aggressivem Verhalten wie auch bei anderen unerwünschten Verhaltensweisen. Das gilt auch für den so genannten Schnauzengriff, der häufig als artgerechte Strafe für Hunde empfohlen wird. Ein zu grober Schnauzengriff kann leicht eine unerwünschte Verknüpfung mit der Hand zur Folge haben und den Hund handscheu machen.

▶ Hausleine

Die Hausleine dient dazu, den Hund im Haus gefahrlos aus einer sicheren Entfernung zu manövrieren. Der Hund sollte diese Leine dauernd tragen. Die Hausleine sollte keine Handschlaufe haben. Sie sollte leicht sein und an einem Geschirr oder einem sich nicht zuziehenden Halsband befestigt werden. Die Leine muss der individuellen Situation angepasst und so lang sein, dass das Ende ergriffen werden kann, ohne dass der Hund aggressiv reagiert.

▶ Schleppleine

Die Schleppleine soll dem Hund draußen einen größeren Bewegungsspielraum gestatten und gleichzeitig eine ausreichende Kontrolle. Eine Schleppleine kann zwischen fünf und sieben Meter und bei Bedarf noch länger sein. Sie wird beim Spaziergang am Hund befestigt, so dass er sie hinter sich her schleppt. Beim Arbeiten mit einer Schleppleine sollten Handschuhe getragen werden, da eine Schleppleine, die schnell durch die Hand gleitet, schwere Verletzungen verursachen

> ### ▶ Tipp
> Hunde sind soziale Lebewesen und empfinden es als außerordentlich unangenehm, wenn sie ignoriert werden. Eine kurze Entziehung von Zuwendung kann als »Strafe« genutzt werden. Allerdings darf der Hund dabei nicht die Möglichkeit haben, sich allein zu »vergnügen«. Eine weitere Möglichkeit wäre »kein Erfolg« oder »keine Belohnung« bei unerwünschtem Verhalten.

Zu einer Entspannung und damit einer Verminderung der Angstsignale kommt es, als keine weitere Annäherung erfolgt und der Mensch eine nicht bedrohliche Körpersprache zeigt. Neben einer seitlichen Körperhaltung und dem Abwenden des Blickes wirkt auch ruhiges Sprechen entspannend.

Die Länge der Schleppleine kann ganz nach Bedarf gewählt werden.

kann. Geeignet sind z. B. Reithandschuhe aus so genanntem Waschleder. Hunde lernen sehr schnell, dass die Kontrolle ihrer Bewegungsfreiheit im Zusammenhang mit der Schleppleine steht. Aus diesem Grund muss die Schleppleine sorgfältig abtrainiert werden. Das geschieht am besten, indem man zunächst eine leichtere Leine verwendet. Im weiteren Verlauf wird von dieser Leine Stück für Stück abgeschnitten, bis die ganze Leine weg ist. Bei manchen Hunden muss noch lange zumindest ein kleines Stückchen am Halsband hängen, oder wenigstens der Karabinerhaken.

▸ **Überforderung vermeiden**
Wenn man schon begonnen hat, neue Verhaltensweisen zur Bewältigung von Konfliktsituationen zu trainieren, so ist es sehr verführerisch, dieses neue Verhalten auch abzufordern, wenn man in eine entsprechende Situation gerät. Wenn das zu früh geschieht, also bevor der Hund das neue Verhalten auch ausreichend gut beherrscht, kann man im Training erheblich zurückgeworfen werden. Im schlimmsten Fall muss man ganz von vorn anfangen oder überhaupt ein ganz anderes neues Verhalten auftrainieren.

Daher sollte streng darauf geachtet werden, dass das Verhalten nur in Situationen gefordert wird, in denen von vornherein feststeht, dass der Hund schon ausreichend trainiert ist, um das neue Verhalten in dieser Situation auch erfolgreich ausführen zu können.

Weitere Maßnahmen

Folgenden Maßnahmen können nicht sofort angewendet werden, sondern erfordern ein vorhergehendes Training:
▸ Geistige und körperliche Auslastung
▸ Maulkorbtraining
▸ Training eines Kopfhalfters
▸ Training eines Rückzugsortes

▸ **Geistige und körperliche Auslastung**
Hunde, die Fehlverhalten zeigen, werden meist aus Sicherheitsgründen sehr eingeschränkt (z. B. immer an der Leine) gehalten. Das birgt die Gefahr einer ungenügenden Auslastung, die Frustration und eine erniedrigte Reizschwelle zur Folge hat. Dadurch kann das Fehlverhalten immer leichter ausgelöst und verstärkt werden. Andere Verhaltensprobleme können zusätzlich entstehen.

Es müssen Wege gefunden werden, den Hund zu beschäftigen. Zur Auslastung bietet sich alles an, was den Hund intensiv fordert, ihn aber nicht in unerwünschte Erregungslagen oder Konflikte bringt. Geistige Arbeit ist gut geeignet, da sie sehr viel Energie verbraucht. Das können Suchspiele sein oder das Erlernen der Unterscheidung von verschiedenen Gegenständen. Derartige Aufgaben können im Garten, im Haus und in der Wohnung eintrainiert werden – ganz stressfrei und ohne Störung von außen. Das Training muss in jedem Fall über positive Verstärkung erfolgen, also ohne Druck.

In Fällen, in denen eine mangelhafte Auslastung die Ursache für das unerwünschte Verhalten ist, hat eine geistige und körperliche Betätigung einen wohltuenden Einfluss auf das Verhalten.

WEITERE MASSNAHMEN

Mit Hilfe des Clickers gewinnt Ronja Interesse an diesem Spielzeug. Erster Schritt: Ronja blickt in Richtung Spielzeug.

Im weiteren Verlauf lernt sie, darauf zu hüpfen, damit es quietscht.

> **Verschiedene Maulkorbtypen**

Mikki-Maulkörbe
Vorteile: Es ist leicht, Leckerbissen zu füttern. Sie sind leicht zu reinigen.
Nachteil: Bei Wärme, bei Stress und Aufregung kann nicht ausreichend gehechelt werden. Das Maul ist nicht ganz bedeckt und kann ein bisschen geöffnet werden: Der Hund kann evtl. mit den vorderen Zähnen kneifen.
Anwendung: Nur über einen kurzen Zeitraum, z. B. während einer Behandlung beim Tierarzt.

Metallmaulkörbe
Vorteil: Sicher; Hecheln und damit Wärmeaustausch gut möglich.
Nachteil: Schwer und sehr auffallend.

Kunststoffmaulkörbe
Vorteil: Leicht, einfach zu reinigen, Hecheln und damit Wärmeaustausch sind gut möglich.

Ledermaulkörbe
Vorteil/Nachteil: Sehr viele verschiedene Formen, daher einerseits gute Passformen, andererseits muss man darauf achten, dass er auch wirklich sicher ist.
Nachteil: Nicht leicht sauber zu halten.

Oben: heller Kunststoffmaulkorb.
Unten: Mikki-Maulkorb; er ist aus schwarzem Kunststoff und sieht wie eine unten offene Tüte aus.

▸ **Maulkorbtraining**

Das Ziel der Maulkorbgewöhnung besteht darin, dass der Hund seinen Maulkorb gern und mit Begeisterung trägt. Auch für das ganz normale Leben bietet das Vorteile: Der Maulkorb kann dann bei Bedarf eingesetzt werden, wenn ein Verband nicht angeknabbert werden soll, bei Reisen in Länder mit entsprechenden Vorschriften, in Situationen, in denen man gezielt Hunde miteinander bekannt machen, aber jedes Risiko ausschließen möchte.

Am besten ist es natürlich, wenn man den Maulkorb anprobieren kann. Die ausschlaggebenden Maße, damit ein Maulkorb richtig passt, sind der Schnauzenumfang am Stopp, also der Stelle, wo die Nase in die Stirn übergeht, und die Länge der Schnauze.

TRAININGSANWEISUNG ▸ Nicht sofort aufsetzen und festmachen!
1. Zunächst Leckerbissen in Anwesenheit des Maulkorbs geben, d. h. man hält den Maulkorb in der Hand und der

Hund bekommt die Leckerbissen, wenn sich sein Kopf in der Nähe des Maulkorbes befindet.
2. Dann werden Leckerbissen in den Maulkorb gelegt, so dass der Hund seine Nase hineinstecken muss, um den Leckerbissen zu erfassen und zu fressen.
3. Das Ganze bei Bedarf mehrere Tage lang trainieren und so oft wiederholen, bis der Hund die Nase gern in den Maulkorb hineinsteckt.
4. Erst jetzt sollte man langsam dazu übergehen, während der Hund die Nase im Maulkorb hat, Leckerbissen von außen zu geben. Das kann von der Seite aus geschehen oder von vorn, und hier im unteren Bereich des Maulkorbes. So vermeidet man, dass Futterreste im Maulkorb direkt vor der Nase kleben bleiben.
5. Wenn bis hierher alles gut geht, kann der Nackenriemen kurz über den Nacken gelegt werden.
6. Sobald der Hund das entspannt akzeptiert, kann der Nackenriemen kurz geschlossen werden. Dabei wird die ganze Zeit weitergefüttert.
7. Auch die normale Futterration kann bei diesem Training genutzt werden, indem man sie aus der Hand durch den Maulkorb füttert.
8. In kleinen Schritten wird die Zeit ausgedehnt, die der Maulkorb auf der Nase sitzen bleibt. Dazu muss der Hund immer ein bisschen länger auf seinen Leckerbissen warten.
9. Der Hund wird gelobt, während er den Maulkorb ohne Reaktion auf der Nase lässt.
10. Keine Zuwendung und Belohnung, sobald der Maulkorb wieder abgenommen ist: Der Hund sollte die Wahrnehmung machen: Wenn der Maulkorb auf der Nase sitzt, passieren lauter schöne

Sachen. Wenn der Maulkorb abgenommen ist, wird es langweilig und keiner kümmert sich um mich.
11. Man sollte so langsam vorgehen, dass es gar nicht zu Abwehrverhalten kommt. Falls doch, ist man zu schnell vorgegangen. Vorsicht: Bei Metall- und Plastikmaulkörben können Hunde ihre Krallen dabei im Maulkorb verhaken.
12. Während Abwehrverhalten gezeigt wird, nicht streicheln, nicht trösten, nicht beruhigen, nicht tadeln und den Maulkorb erst abnehmen, wenn das Abwehrverhalten aufgehört hat.
13. Dauer der Gewöhnung: ein bis zwei Wochen.

Wenn der Tubeninhalt entsprechend lecker ist, steckt man gern die Nase in den Maulkorb.
Während es Futter aus der Tube gibt, ruht der Maulkorb auf der Nase. Mit der Zeit empfindet der Hund dieses Gefühl als angenehm.

MANAGEMENT

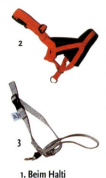

1. Beim Halti befindet sich zwischen Nasen- und Nackenriemen ein Steg.
2. Für manche Hunde empfiehlt sich ein im Nasenbereich gepolstertes Halti.
3. Der Gentle Leader besteht nur aus zwei Schlingen.

Der erste Schritt ist erfolgreich: Bjorka steckt ihre Nase gern in das Halti. Als Nächstes sollte der Nackenriemen nur über den Nacken gelegt werden. Erst dann kann der Nackenriemen auch geschlossen werden.

▶ Training eines Kopfhalfters

Ein Hund, der am Kopfhalfter geführt wird, ist erstens besser zu kontrollieren, weil die Kräfteverhältnisse zugunsten des Hundeführers verändert werden. Das ermöglicht es auch einer zierlichen Person, einen großen und schweren Hund zu halten. Zweitens ist die Schnauze, ein besonderer Risikobereich bei aggressivem Verhalten, unter einer besseren Kontrolle als bei einem Hund, der nur am Halsband geführt wird. Ein Kopfhalter muss gut sitzen und daher sorgfältig angepasst werden. Auch Kopfhalter sollten nicht einfach übergestülpt, sondern antrainiert werden. Die Vorgehensweise entspricht dem Maulkorbtraining. Erst wenn der Hund sich das Kopfhalfter gern aufsetzen lässt – er steckt den Kopf gern hinein und versucht nicht, auszuweichen – sollte die Leine ins Spiel kommen.

FÜHREN AM KOPFHALFTER ▶

Dies ist eine Kunst für sich. Die Leine sollte gleichzeitig am Halsband wie auch am Halfter befestigt sein. Dadurch ergibt sich eine Doppelleine. Der Teil, der zum Halfter führt, sollte kürzer sein. Nur dann wird Zug an der Leine sofort auf den Nasenrücken des Hundes übertragen und erst dann kann das Halfter auch wirken.

Sobald der Hund zu ziehen versucht, strafft sich die Leine und dadurch wird Druck auf den Nasenrücken des Hundes übertragen. Wenn der Halter die Leine ruhig festhält, bewirkt die Kraft, die *der Hund selbst* einsetzt, dass der Kopf des Hundes von dem Objekt, zu dem er zieht, abgewendet wird in Richtung Halter. Diese vom Hund zunächst unbeabsichtigte Wendung wird jedes Mal sofort belohnt und führt dazu, dass sich der Hund immer schneller freiwillig seinem Halter zuwendet.

Ein Hund mit Kopfhalfter sollte weder an einer langen Leine geführt werden, noch mittels eines Leinenrucks in die gewünschte Position gebracht werden. Vielmehr dient das Kopfhalfter in erster Linie dazu, den Hund in der gewünschten Position zu halten – dicht neben dem Führer in der Fußposition.

▶ Wichtig

Viele Hundehalter merken nicht mehr, wenn sie ihren Hund mittels eines Leinenrucks an die gewünschte Stelle befördern. Sie haben dieses Verhalten schon so verinnerlicht, dass am Anfang eine Begleitperson nötig ist, um das richtige Führen am Kopfhalfter einzuüben.

WEITERE MASSNAHMEN   49

Bivu hat einen sicheren Platz. Kontakt mit Frida erfolgt aus guter Entfernung, für beide ungefährlich und unter Kontrolle. So lernen sie in kleinen Schritten einen vergnüglichen Umgang miteinander: Füttern und gefüttert werden.

▶ **Training eines Rückzugsortes**
Oft ist es sinnvoll, für einen Hund einen geschützten Rückzugsplatz zu schaffen. Dieser Platz dient dazu, sowohl Hund wie auch Menschen vor unerwünschten gegenseitigen Kontakten zu schützen. Das reduziert Anspannung und Stress für alle Beteiligten.

Dieser Platz sollte ausreichend weit von stark frequentierten Wegen und Plätzen der Wohnung entfernt und möglichst gut an die jeweilige individuelle Verhaltensproblematik angepasst sein.

Je nach Wohnverhältnissen kann ein anderer Raum gewählt werden oder eine Reisebox. Diese sollte so groß sein, dass der Hund bequem darin stehen und liegen kann. Auch Kinderlaufställe sind gut geeignet. Der Hund kann hinein- und herausspringen und sich bei Bedarf vor unerwünschten Kontakten in Sicherheit bringen, z. B. vor einem Krabbelkind.

Ein Rückzugsort zeichnet sich dadurch aus, dass der Hund ihn freiwillig und gern aufsucht. Er hält sich dort mit Vergnügen auf, weil er diesen Platz liebt und sich dort sicher fühlt. Die einfachste Methode, damit ein Hund einen Platz besonders schätzt, besteht darin, dass er immer wieder die Erfahrung macht, dass es an diesem Platz Gutes zu Essen gibt. Damit macht man ihm den Platz im wahrsten Sinn des Wortes schmackhaft.

GEWÖHNUNG ▶ Am Anfang erhält er also immer wieder kleine Leckerbissen auf diesem Platz. Entweder findet er, wann immer er auf diesen Platz kommt, ein paar Bröckchen, oder man trägt ganz demonstrativ etwas dorthin, um es ihm zu geben. Man kann ihm auch eine ganze Weile grundsätzlich sein normales Futter auf diesem Platz füttern.

So lernt er in kleinen Einzelschritten der Reihe nach, zuerst diesen Platz gern aufzusuchen und dann immer länger dort zu verweilen. Er lernt anschließend, sich dort auch allein aufzuhalten und kann im weiteren Verlauf auch immer länger dort allein gelassen werden.

Benutzt man eine Reisebox, wird auch das Schließen der Tür langsam antrainiert. Wer seinen Hund in einem anderen Raum »aufhebt«, weil sich der Hund in Anwesenheit von Besuch unangemessen verhält, sollte die Tür abschließen und den Schlüssel selbst verwahren. Nur so ist sichergestellt, dass auch wirklich niemand einen Fehler machen und unbeabsichtigt in Kontakt mit dem Hund kommen kann.

Gefühle verändern

51 ▶ Verhaltenstherapeutische Maßnahmen	52 ▶ Gegenkonditionierung
51 ▶ Systematische Desensibilisierung	53 ▶ Beziehungsänderung zwischen Hund und Halter

Verhaltenstherapeutische Maßnahmen

Ein Hund zeigt aggressives Verhalten, weil er in diesem Augenblick etwas oder jemandem gegenüber Gefühle hat, durch die er sich zu diesem Verhalten gezwungen sieht. Der Hund entscheidet sich nicht für diese Gefühle, sondern wie bei Menschen entstehen sie einfach. Die Gefühle von Angst, Unsicherheit und mangelnder Kontrolle bewirken wiederum das Verhalten. Aggressives Verhalten ist ein Versuch des Hundes, die Situation unter Kontrolle zu bringen.

Wenn es gelingt, die Gefühle des Hundes positiv zu verändern, wird damit zwangsläufig auch das Verhalten beeinflusst. Daher ist ein Ziel in der Verhaltenstherapie, die Gefühle des Hundes zu wandeln. Hierzu gibt es mehrere Möglichkeiten.

Systematische Desensibilisierung

An einen Reiz, der ursprünglich Angst auslöst, kann sich der Hund gewöhnen. Dazu muss dieser Reiz so gering gehalten werden, dass der Hund wahrnehmen kann, dass von diesem Reiz keine Gefahr ausgeht. Wenn dieser Vorgang gezielt durchgeführt wird, spricht man von einer systematischen Desensibilisierung.

▶ **Vorgehensweise**

Der Hund erlebt diesen Reiz wiederholt in einer Stärke, bei der körperliche Anzeichen von Angst oder Aggression fehlen – die unerwünschte Reaktion tritt gerade noch nicht ein (er erscheint nicht angespannt). Eine Veränderung der Stärke des Reizes kann, je nach Art des Reizes, durch eine Veränderung der Entfernung erfolgen. Bei einem Hund, der gegenüber anderen Hunden aggressiv reagiert, wird diese Reaktion bei einem Hund, der sehr weit weg ist, geringer ausfallen, als wenn derselbe Hund sehr nah ist. Bei Geräuschen kann die Intensität über die Lautstärke gesteuert werden. Diese kann z. B. direkt beeinflusst werden oder aber über die Entfernung, in der das Geräusch ausgelöst wird. Auch die Dauer des Reizes ist von Bedeutung und muss dem Verhalten des Hundes entsprechend dosiert werden.

In einzelnen, dem Verhalten des Hundes angepassten Trainingseinheiten wird die Stärke des angstauslösenden Reizes in kleinen Schritten immer weiter erhöht. Dabei muss darauf geachtet werden, dass der Hund zwar aufmerksam ist, aber keine Zeichen des unerwünschten Gefühlszustandes und Verhaltens zeigt. Bei zu schneller Annäherung oder wenn der Hund durch unglückliche Umstände dem Reiz in voller Stärke ausgesetzt wird, besteht die Gefahr eines Rückfalls.

Bei richtig dosierten und ausreichend häufig durchgeführten Übungseinheiten, oft über mehrere Wochen/Monate, löst der Reiz nicht mehr das unerwünschte Verhalten aus. Gleichzeitig mit der Desensibilisierung kann zusätzlich erwünschtes, ruhiges und entspanntes Verhalten gelobt und belohnt werden.

Gegenkonditionierung

Die Gefühle lassen sich ebenfalls ändern, wenn der Hund die Erfahrung macht, dass der angst- und/oder aggresssionsauslösende Reiz *zuverlässig* etwas Angenehmes ankündigt. Angst und Freude bzw. Entspannung sind nämlich auf Dauer nicht gleichzeitig miteinander vereinbar.

Dazu wird der betreffende Reiz mit einer angenehmen Erfahrung gepaart. Diese Paarung geschieht im Prinzip unabhängig vom Verhalten, d. h. der Hund muss nicht unbedingt erwünschtes, erlerntes Verhalten zeigen. Es handelt sich bei dieser Vorgehensweise nicht um die Belohnung eines erwünschten Verhaltens, sondern darum, dass zwei Ereignisse gleichzeitig stattfinden.

Voraussetzung ist, dass der Hund den Reiz, der angenehme Gefühle auslösen soll, wahrnehmen kann. Dazu muss dieser neue Reiz also stärker sein als derjenige, der die unangenehmen Gefühle auslöst. Wenn man z. B. Futter einsetzen möchte, muss das Futter so attraktiv sein, dass der Hund es auch in dieser Situation fressen kann.

Diese Vorgehensweise wird als Gegenkonditionierung bezeichnet und muss äußerst präzise durchgeführt werden.

Max und Paco machen hier die Erfahrung, dass die Anwesenheit des anderen mit einem Vorteil, nämlich besonders gutem Futter, verbunden ist. Außerdem führt Blickkontakt mit Frauchen, eine erwünschte Verhaltensweise, zu einer Belohnung. Beide Hunde ertragen, dass sie sich immer weiter einander annähern.

▶ **Vorgehensweise**

Die angenehme Erfahrung muss sofort im Anschluss an das Erscheinen des angst- und/oder aggressionsauslösenden Reizes erfolgen. Sie sollte *während* der Anwesenheit dieses Reizes andauern und gleichzeitig mit dem Verschwinden des Auslösers aufhören.

Wenn man also ein besonders gutes Futter benutzt, sollte der Hund mit Erscheinen des Auslösers das Futter bekommen und zwar
▶ ohne Pause, bis dieser Auslöser wieder verschwindet,
▶ unabhängig davon, wie er sich verhält. Ausschlaggebend ist nur, dass er fressen kann.

Wenn diese Paarung korrekt und ausreichend oft durchgeführt worden ist, löst der zuvor angst- und aggressionsauslösende Reiz Freude auf Futter aus. Für den Vorgang kann alles benutzt werden, was der Hund ausreichend attraktiv findet. Mittels einer Gegenkonditionierung können Gefühle in Bezug auf Lebewesen, aber auch Berührungen, Orte und Gegenstände verändert werden.

Beziehungsänderung zwischen Hund und Halter

Eine Änderung von Gefühlen muss nicht nur im Hinblick auf Auslöser und Umwelt, sondern auch gegenüber dem Halter erfolgen, unabhängig davon, gegen wen das unerwünschte Verhalten gerichtet ist. Auch bei einem Hund, der zu Hause ganz hinreißend ist, müssen die Gefühle gegenüber dem Halter verändert werden. Damit der Halter wieder mehr Einfluss über seinen Hund gewinnt, muss die Beziehung zwischen Hund und Halter umstrukturiert werden. Das ist die Grundvoraussetzung, um im weiteren Verlauf das unangemessene Verhalten des Hundes gegenüber Außenstehenden und Unbekanntem zu beeinflussen.

Das Prinzip dieser Umstrukturierung besteht darin, dem Hund ganz deutlich vor Augen zu führen, dass sein Halter Kontrolle über alles hat, was für den Hund wichtig ist: Futter, Zuwendung und Streicheleinheiten, Spielzeug und Spiele. Der Hund lernt weiterhin, dass er durch bestimmtes Verhalten Zugang zu diesen wichtigen Dingen bekommt. Man bezeichnet das als Kontrolle der Ressourcen: Wer alles hat, was der andere möchte, und es nur hergibt, wenn er will, hat Macht.

▶ **Zentrum der Aufmerksamkeit**

Die meisten Hunde bekommen alles, was sie brauchen, umsonst, ohne jede Gegenleistung. Oft wird es ihnen förmlich auf dem Silbertablett präsentiert. Hunde müssen meist nicht das Geringste dafür tun. Sie sind schön, werden geliebt, genießen die Aufmerksamkeit der Menschen und stehen im Mittelpunkt.

Wer im Mittelpunkt steht, ist wichtig und hat Macht. Die anderen müssen sich nach ihm richten und nicht umgekehrt. Er kann sie beeinflussen und manipulieren. Diese Erfahrung haben Hunde, die unerwünschtes Verhalten zeigen, im täglichen Leben meist immer wieder gemacht. Sie hatten gar nicht die Möglichkeit, wahrzunehmen, wie abhängig sie in Wirklichkeit von »ihren« Menschen sind. Daher haben sie nie gelernt, auf »ihre« Menschen zu achten, oder sich gar nach ihnen zu richten. Im Gegenteil, sie zwingen die Menschen dazu, sich nach ihnen zu richten.

Viele Hunde werden im Freien durch Umweltreize so abgelenkt, dass sie sich weder auf ihren Menschen konzentrieren, noch Futter aus der Hand aufnehmen können. Durch regelmäßiges Üben kann das geändert werden.

Der erste Schritt, um das Verhalten eines solchen Hundes zu ändern, besteht daher darin, ihm zu zeigen, wie wichtig dieser Mensch bzw. diese Menschen für ihn sind. Dabei wird jedoch keine körperliche Gewalt eingesetzt. Stattdessen bekommt der Hund die Gelegenheit, wahrzunehmen, dass sein Mensch derjenige ist, der alle für ihn wichtigen Entscheidungen trifft. Auf diesem Weg lernt der Hund, auf seinen Menschen zu achten. Damit steigt der Einfluss des Halters auf seinen Hund und der Hund lernt, den Wünschen seines Halters bereitwillig zu folgen.

▶ **Nichts ist umsonst**
Diese Vorgehensweise wird, je nach Autor, als »Nothing in Life is free« (Nichts ist umsonst), »Learn to Earn« (Lernen, etwas zu verdienen) oder »Nabel der Welt«-Training bezeichnet. Dabei kontrolliert der Hundehalter den Zugang zu allen für den Hund wichtigen Dingen, den so genannten Ressourcen. Der Hund bekommt keine Gelegenheit mehr, sich selbst zu versorgen. Er lernt, für alles, was er gern haben oder tun möchte, eine Gegenleistung zu erbringen. Das muss überhaupt nichts Großes oder Schweres sein: Es genügt, wenn er sich hinsetzt oder hinlegt.

Ab jetzt steht Futter daher nicht im Futternapf auf dem Fußboden jederzeit bereit. Fressen, ein Spiel oder Streicheleinheiten gibt es nur für eine vorherige Leistung, z. B. für »Sitz« oder »Platz«. Der Hund lernt, dass seine Menschen für alles zuständig sind. So wird die Wichtigkeit des Halters gesteigert. Diese Vorgehensweise bedeutet übrigens nicht, dass man seinen Hund nicht verwöhnen darf. Sie bedeutet nur, dass das Verwöhnen bestimmten Regeln folgen muss.

RESSOURCENKONTROLLE ▶ Sie kann, je nach Fall, beinhalten, dass Spielzeug und Knabberzeug nicht überall in der Wohnung frei zugänglich für den Hund herumliegen, sondern vom

Halter »verwaltet« und nur für eine Gegenleistung dem Hund überlassen werden. Diese Gegenleistung wird mit der Zeit zu einer Gewohnheit für den Hund. Je nachdem, welche Gegenleistung der Halter als Grundübung gewählt hat, lernt der Hund, sich gern und auch immer schneller hinzusetzen oder hinzulegen.

Das Ausmaß der Ressourcenkontrolle richtet sich nach dem jeweiligen Fall. Ich selbst habe festgestellt, dass oft schon allein das Füttern aus der Hand, Bissen für Bissen, eine ausreichend starke Veränderung der Beziehung zwischen Hund und Halter bewirkt, um anschließend die weiteren erforderlichen Maßnahmen durchführen zu können.

▶ **Füttern aus der Hand**
Durch die folgenden Übungen wird das Verhältnis des Hundes zuerst innerhalb der Familie, zu seinen Bezugspersonen, geändert. Diese Wandlung kann dann im weiteren Verlauf genutzt werden und bildet die Grundlage zu den erwünschten weiteren Änderungen.
Bei der Durchführung der Übung sollte der Beschreibung exakt gefolgt werden.

Die für den Tag übliche Futtermenge wird morgens abgemessen und in einem Gefäß im Schrank bereitgestellt.

Wenn ohne Schwierigkeiten am üblichen Futterplatz aus der Hand gefüttert werden kann, darf das am Anfang zur üblichen Futterzeit auch dort geschehen. Bei einem Hund, bei dem das unerwünschte Verhalten im Zusammenhang mit seinem Futterplatz auftritt, wählt man einen anderen Platz.

Zum Füttern stellt man sich vor den Hund in einem Abstand, aus dem der Futterbissen bequem gegeben werden kann. Der Hund sollte keinesfalls durch unerwünschtes Verhalten an einen Futterbissen kommen können wie z. B. Hochspringen, Rempeln oder gar Schnappen.

Wenn Bödzi ganz dicht vorsitzt und sich auf seinen Menschen konzentriert, hat er kein Auge für seine Umgebung. Mit Futter lockt man ihn in die perfekte Position.
Später wird er dieses Verhalten auch ohne Futter gern ausführen.

> **Vorsicht**
>
> Manche Hunde werden durch plötzlich geänderte Spielregeln so frustriert, dass sie aggressiv reagieren. Bei Bedarf muss der Hund daher so angebunden werden, dass er sich nicht befreien kann, aber einen gewissen Bewegungsfreiraum hat. Dazu sollte er ein breites, gut aber nicht zu eng anliegendes Stoff- oder Lederhalsband tragen, aus dem er nicht herausschlüpfen kann (kein Würge-, Stachel- oder Kettenhalsband). Das Futter kann dann aus sicherer Entfernung im richtigen Moment in Reichweite des Hundes geworfen werden. Das gilt auch für Hunde, die generell im Zusammenhang mit Futter aggressives Verhalten zeigen.

VORGEHENSWEISE ▶ Einen Hund, der sich auf das Hörzeichen »Sitz« zuverlässig hinsetzt, fordert man auf, sich hinzusetzen. Wenn er das tut, bekommt er sofort, innerhalb einer Sekunde, einen Futterbissen. Falls er das Futter sehr grob aus der Hand nimmt, zieht man Handschuhe an oder nimmt einen Löffel. In diesem Augenblick geht es noch nicht darum, Futter sanft zu nehmen. Das wird später extra trainiert (siehe S. 85).

Wenn der Hund sich auf das Hörzeichen »Sitz« nicht zuverlässig hinsetzt, bleibt man im gewählten Abstand ruhig stehen, hält das Futter bereit und wartet einfach ab. Irgendwann setzt sich der Hund gelangweilt, verzweifelt oder einfach frustriert einen Moment hin. In diesem Augenblick erhält er *sofort* einen Futterbissen. Es kann sein, dass das beim ersten Mal lange dauert, und/oder dass der Hund sich unmöglich aufführt. In einem solchen Fall kann man sich abwenden, muss den Hund dabei aber trotzdem gut im Auge behalten können. Nur dann kann man schnell genug reagieren, sobald er sich hinsetzt, und ihm sein Futterbröckchen im richtigen Augenblick geben.

DER RICHTIGE ZEITPUNKT ▶ Zum Üben sollte man, ganz besonders beim ersten Mal, einen Zeitpunkt wählen, bei dem man keinesfalls in Zeitdruck geraten kann. Man sollte nicht abbrechen müssen, bevor der Hund sich auch tatsächlich hingesetzt hat und belohnt werden konnte.

Ich selbst ziehe es vor, abzuwarten, bis sich der Hund von selbst hinsetzt, ohne dass ich ihn dazu aufgefordert habe. Damit hat der Hund die Möglichkeit, selbst die richtige Entscheidung zu treffen, die ich dann belohnen kann. Dadurch lernt er im weiteren Verlauf, selbstständig Entscheidungen zu treffen, die im Sinn des Halters sind, ohne dass sich der Halter dauernd selbst darum kümmern muss.

HÖRZEICHEN EINFÜHREN ▶ Wenn man die Übung so oft gemacht hat, dass man sicher ist, dass der Hund sich zuverlässig hinsetzen wird, sagt man in dem Augenblick, bevor er sich hinsetzt »Sitz« und belohnt das Verhalten auch sofort. So wird das Hörzeichen »Sitz« ohne Druck zuverlässig erlernt und eingeübt. Bei einem Hund, der das Sitzkommando unter Zwang erlernt hat, kann das Wort »Sitz« mit unangenehmen Gefühlen verknüpft sein. Wenn man die Auslösung dieser Gefühle –

und evtl. damit verbundenes, unerwünschtes Verhalten – vermeiden möchte, sollte ein anderes, ganz neues Wort als Sitzaufforderung trainiert werden.

Man kann auf diese Weise einen Bissen nach dem anderen aus der Hand geben. Die gesamte Tagesration wird so über den Tag verteilt in mehreren Übungseinheiten aus der Hand verfüttert. Wenn am Abend noch etwas von der Tagesration übrig ist, man aber keine Lust mehr hat, einzelne Bissen zu füttern, kann der Hund den Rest des Futters im Napf erhalten. So ist sichergestellt, dass er seine angemessene Tagesration erhält. Er sollte sich jedoch auch für das Futter im Napf erst einmal schön hinsetzen.

LÄNGE DER ÜBUNG UND ORTSWECHSEL ▶ Sobald ein Hund sich sofort hinsetzt, wenn der Halter mit der Übung beginnen will, kann man die Zeit, die er auf den Bissen warten muss, langsam verlängern. Die Übung kann zu diesem Zeitpunkt erfahrungsgemäß auch gemacht werden, ohne dass der Hund dabei angebunden werden muss. Damit der Hund dieses Verhalten auch überall ausführt, muss die Übung an allen möglichen Stellen in der Wohnung und zu den unterschiedlichsten Zeiten durchgeführt werden. Das muss so häufig geschehen, bis der Hund sich überall zuverlässig und gern hinsetzt und sich durch nichts davon abhalten bzw. ablenken lässt.

Max bewegt sich Schritt für Schritt, ohne dabei aufzustehen, mit Franziska über die Wiese: Absolute Konzentration der beiden!

Das Füttern aus der Hand

Das Füttern aus der Hand bewirkt eine ganze Reihe von Dingen:

Erfahrung	Auswirkung
Der Hund erfährt: Das Futter gehört Herrchen/Frauchen. Wer über eine so wichtige Ressource wie Futter entscheidet, hat Macht und ist ranghoch.	Es erfolgt eine gewaltfreie Rangeinweisung, dadurch kann sich eine stabile Hierarchie entwickeln.
Durch eine bestimmte Handlung (Hinsetzen) kann man das Futter erwerben.	Der Hund lernt, sich etwas zu verdienen.
Da das Verhalten ohne physischen Zwang trainiert wird, wird es gern ausgeübt.	Der Hund fühlt sich in dieser Position gut und kann entspannen.
Die Handlung »Sitz vor dem Halter und Fressen aus der Hand« wird so oft geübt, dass sie automatisiert wird.	Diese erwünschte Handlung wird zu einer Gewohnheit, die irgendwann später auch draußen, in »Krisensituationen«, abgerufen werden kann.
Der Hund hat in dieser Situation die Möglichkeit erhalten, die Umwelt zuverlässig zu kontrollieren.	Das Gefühl, eine Situation unter Kontrolle zu haben, verleiht Sicherheit.
Die Zeitdauer, die der Hund warten muss, bis er seinen Leckerbissen bekommt, wird langsam ausgedehnt.	Der Hund lernt: ▶ immer länger auf seine Belohnung zu warten, ▶ Frustration immer besser zu ertragen, ▶ durch seine Handlung ein Ziel zu erreichen.

▶ Blickkontakt

Die Übung »Füttern aus der Hand« kann ausgebaut und dazu genutzt werden, den Hund zu lehren, freiwillig und gern Blickkontakt mit seinem Halter aufzunehmen und sogar über einen längeren Zeitraum zu halten. Weil Hunde eigentlich intensiven Blickkontakt als bedrohlich empfinden, muss dieses Verhalten geübt und eintrainiert werden. Ein Hund, der Blickkontakt mit seinem Halter aufnehmen und halten kann, konzentriert in diesem Augenblick seine Aufmerksamkeit ausschließlich auf seinen Halter. Für den Halter ist so gut erkennbar, dass und wie stark sich sein Hund auf ihn konzentriert.

Sobald der Hund sich zuverlässig hinsetzt, gibt man den Futterbissen nicht mehr für das Hinsetzen allein, sondern wartet einfach ab. In vielen Fällen bleibt der Hund sitzen, blickt aber irgendwann, weil das Futter nicht wie üblich kommt, dem Halter ganz kurz ins Gesicht. In diesem Moment muss sofort das Futter gegeben werden. Da der Hund sehr schnell lernt, die

Paco konzentriert sich völlig auf seinen Menschen – ohne auch nur im Geringsten auf den Fotografen zu achten.

Hand mit dem Futter zu beobachten, lohnt sich hier der Einsatz eines Clickers besonders. Geclickt wird in dem Augenblick, in dem Blickkontakt erfolgt und dann das Futter gegeben.

Man kann auch mit einem trainierten Lobwort arbeiten oder die Futterbelohnung aus dem eigenen Mund spucken.

Bei einem Hund, der bei dieser Übung durch die so entstehende Frustration in eine hohe Erregungslage gerät, empfiehlt sich, erst dann zum Trainieren des Blickkontakts überzugehen, wenn er fähig ist, trotz Frustration sitzen zu bleiben oder sich zumindest wieder hinzusetzen.

Länger anhaltender Blickkontakt wird von Hunden als bedrohlich empfunden. Max hat aber schon gelernt, dass es sich lohnt, Blickkontakt aufzunehmen.

Auch eine Decke – oder hier für Ronja ein Schafffell – kann ein sicherer Platz sein.

▶ **Sicherheitssignale**

Wenn man weiß, was los ist oder was man zu erwarten hat, vermittelt das ein Gefühl der Sicherheit und vermindert Angst, Unsicherheit, Ärger und Frustration. Fast jeder Mensch hat schon einmal die Erfahrung gemacht, wie ärgerlich und frustrierend es ist, wenn man auf dem Bahnsteig steht und der Zug, auf den man wartet, kommt nicht. Die unangenehmen Gefühle steigern sich, wenn keine Durchsage darüber aufklärt, was los ist und wann und ob der Zug überhaupt kommen wird.

Sobald durchgesagt wird, worauf die Verspätung beruht und wie schnell das Problem behoben sein wird, gehen Ärger und Frustration zurück. Man kann jetzt auch eine Möglichkeit finden, diese unangenehme Situation möglichst erträglich zu gestalten: etwas zum Lesen kaufen, eine Tasse Kaffee trinken gehen und erst in einer Stunde wieder am Bahnsteig auftauchen. Stress und Unsicherheit werden vermindert, wenn die Situation überschaubar ist. Das gilt auch für Hunde, und daher lohnt es sich, Sicherheitssignale zu trainieren.

Wie gut Hunde lernen, dass ein bestimmtes Signal etwas zuverlässig voraussagt, zeigt die Reaktion, wenn der Halter die Leine vom Haken nimmt. Ich kenne keinen Hund, der darauf nicht mit Begeisterung reagiert. Er hat gelernt, dass das eine zuverlässige Vorhersage für einen Spaziergang ist. Eine ebenso klare Voraussage ist für viele Hunde, dass sie zu Hause bleiben müssen, wenn die Leine hängen bleibt oder wenn man die Aktentasche nimmt. Die Mehrzahl der Hunde zieht sich dann einfach mit einem entsprechend viel sagenden Blick auf den gewohnten Lagerplatz zurück.

Erlernte Signale lösen also Gefühle und damit einhergehend Verhalten aus. Dieses Verhalten kann entweder vom Halter erwünscht oder unerwünscht sein. Das Signal »Klingeln an der Wohnungstür« löst z. B. eine oft unerwünschte Reaktion aus: Viele Hunde geraten förmlich außer sich, weil ein Besucher kommt.

STRESS VERMEIDEN ▶ Die mit einer Umstrukturierung der Beziehung zwischen Hund und Halter verbundenen Änderungen sind natürlich für den Hund beunruhigend und mit Stress und Frustration verbunden. Gerade Problemhunde gewinnen ein erhöhtes Gefühl der Sicherheit dadurch, dass sie Kontrolle ausüben, zum Beispiel wenn sie den Besitzer kontrollieren und manipulieren. Das geschieht unter anderem dadurch, dass sie mit allen möglichen Mitteln die Aufmerksamkeit und Zuwendung des Halters erzwingen. Diese Möglichkeit zur Ausübung von Kontrolle und Macht soll dem Hund entzogen und auf den Halter übertragen werden.

Je überschaubarer und klarer die Situation für den Hund gemacht werden kann, desto stressfreier wird es für ihn, sich anzupassen. Leicht verständliche Regeln und eindeutige Signale vereinfachen daher den gesamten Prozess.

Aus diesem Grund ist es sinnvoll, den Hund zu lehren, an bestimmten Signalen zu erkennen, wann es für ihn möglich ist und wann nicht, Zuwendung und Aufmerksamkeit seines Halters zu erlangen. Durch das Trainieren von Signalen wie dem so genannten »interaktiven Schlüssel« und dem »aktiven Ignorieren« können Unsicherheit, Frustration und Stress für den Hund, aber auch für den Halter reduziert werden.

▶ **Interaktiver Schlüssel**

Der »interaktive Schlüssel«, auch als »interaktives Signal« bezeichnet, bietet dem Hund die Möglichkeit, die Aufmerksamkeit seines Halters auf eine für diesen erträgliche bzw. wünschenswerte Art und Weise zu erlangen.

Gut dafür geeignet wäre ein Tau oder Seil mit einem Knoten, da es beim Herunterfallen nicht wegspringt. Die Größe richtet sich nach der Größe des Hundes: Es soll bequem im Maul zu halten sein.

Zunächst sollten zahlreiche gleiche Seile überall im ganzen Haus oder der ganzen Wohnung frei verfügbar auf dem Boden herumliegen. Jedes Mal, wenn der Hund eins ins Maul nimmt, reagiert der Halter mit Zuwendung. Ob das Lobesworte, Anschauen oder Streicheln ist, richtet sich ganz danach, was für den Hund wünschenswert und bei seinem individuellen Problemverhalten sinnvoll ist.

Der Hund macht so immer wieder die Erfahrung, dass er eine positive Reaktion seiner Besitzer hervorrufen kann, wenn er das Seil hält. Mit der Zeit lernt er, das Seil als aufmerksamkeitserregendes Mittel einzusetzen.

Das Seil darf *nicht* als Spielzeug benutzt werden, es dient ausschließlich und ganz gezielt dazu, die Aufmerksamkeit und Zuwendung des Halters zu erlangen. Der Gebrauch als Spielzeug würde die Erwartungshaltung des Hundes verändern und so z. B. eine erhöhte Erregungslage verursachen, die hier nicht erwünscht ist.

Gleichzeitig sollte dafür gesorgt werden, dass der Hund keinen Zugang zu anderen, ungeeigneten Gegenständen hat, die ebenfalls die Aufmerksamkeit des Halters bewirken würden. Das ist besonders wichtig bei einem Hund, der gern Gegenstände nimmt, die er nicht nehmen soll und insbesondere dann, wenn er diese Gegenstände nicht wieder hergibt.

Lisa hat gelernt, dass sie durch das Aufnehmen des Handtuchs zuverlässig die Zuwendung von Frauchen auslösen kann: Das Handtuch wird zum interaktiven Schlüssel.

GEFÜHLE VERÄNDERN

Max erntet mit Bellen keinen Erfolg – sein Frauchen wendet sich ab.

▶ **Aktives Ignorieren**

Für ein *soziales* Lebewesen, also ein Lebewesen, das darauf angewiesen ist, in einer Gruppe mit Sozialpartnern zu leben, gibt es nichts Schrecklicheres, als wenn es von den anderen ignoriert wird. Das empfinden auch Menschen so: Für die meisten ist es schon wenig vergnüglich, auf einer Veranstaltung zu sein, wo sie niemand kennen. Aber wirklich schlimm ist es, von jemandem, den man kennt, nicht beachtet zu werden. Aus diesem Grund kann auch bei Hunden »Ignorieren« grundsätzlich als Machtmittel oder gar Strafe eingesetzt werden.

Unter Ignorieren versteht man, dass der Hundehalter seinen Hund *nicht ansieht, nicht berührt und auch nicht anspricht.* Das ist nicht nur für den Hund unangenehm. Es ist auch für einen Hundebesitzer, der seinen Hund liebt, außerordentlich schwer. Ich habe schon oft erlebt, dass ein Hundehalter, den ich aufgefordert habe, seinen Hund einen Augenblick zu ignorieren, zu meinen Worten zustimmend nickt und dabei, ohne das selbst zu merken, die ganze Zeit versonnen lächelnd seinen Hund betrachtet.

SIGNALEINFÜHRUNG ▶ Wenn man diese Übung mit einem entsprechenden Signal verbindet, kann sie in kleine Schritte unterteilt werden. Damit wird die Durchführung dieser schwierigen Aufgabe für Hund und Halter erleichtert.

Als Signal kann ein beliebiger Gegenstand verwendet werden. Er sollte für beide, Mensch und Hund, auffällig sein. Man könnte z. B. eine Vase nehmen oder ein Tuch, auch irgendein anderer größerer Dekorationsgegenstand ist möglich.

Dieser Gegenstand darf, wenn er nicht benutzt wird, nicht einfach irgendwo herumstehen, sondern muss in einem Schrank aufbewahrt werden, wo er weder für den Hund noch für den Halter sichtbar ist.

Wenn der Halter bereit ist, die Übung das erste Mal durchzuführen und seinen Hund nicht zu beachten, holt er diesen Gegenstand aus dem

Auch Wegschauen und gefaltete Arme sind hier ein deutliches Signal: Mit Bellen ist keine Zuwendung zu gewinnen.

Schrank und stellt ihn demonstrativ an eine Stelle, wo er für Hund und Halter deutlich sichtbar ist.

Anschließend konzentriert er sich kurz darauf, den Hund weder anzusehen, anzusprechen noch ihn zu berühren. Es erleichtert die Durchführung dieser Übung für beide, wenn sie beim ersten Mal nur kurz andauert. Sobald der Halter mit der Übung aufhören möchte, stellt er den Gegenstand ebenso demonstrativ wieder in den Schrank zurück. Erst wenn der Gegenstand verschwunden ist, darf dem Hund wieder Aufmerksamkeit geschenkt werden.

Dieser Gegenstand dient dazu, Hund und Halter daran zu erinnern, dass die »Der Hund wird ignoriert«-Phase stattfindet. Diese Übung ermöglicht es, den Hund zunächst für ganz kurze Augenblicke zu ignorieren, gerade so lange, wie man das auch selbst aushalten kann. Im weiteren Verlauf wird dann der Zeitraum schrittweise ausgedehnt.

Der Hund lernt bald, dass dieser Gegenstand zuverlässig ankündigt, dass sein Mensch nicht »ansprechbar« ist. Es ist wie ein Schild: Bitte nicht stören!, und wenn die Übung regelmäßig und korrekt durchgeführt wird, lernt der Hund, sich daran zu halten.

Der Halter hat durch dieses Signal die Möglichkeit, die Übung genau so lange durchzuführen, wie er selbst das aushält. Er kann mit kurzen Momenten beginnen und diese langsam verlängern. Besonders praktisch ist dieses Signal in einer Familie. Jedes Familienmitglied, das den Raum betritt, sieht, dass gerade »Der Hund wird ignoriert« stattfindet, und kann sich ebenfalls daran halten. Dadurch wird sichergestellt, dass der Hund sich nicht anderweitig mit Zuwendung versorgen kann.

> **Wichtig**
>
> Der Gegenstand sollte immer an derselben Stelle aufbewahrt werden und auch immer an derselben Stelle stehen, wenn die Übung gemacht wird.

Egal wo man das Schafffell hinlegt – Paco sucht es freiwillig und gern auf.

Egal, was der Hund macht: Man darf nicht reagieren! Das gelingt am besten, wenn man sich selbst eine kleine Aufgabe sucht, auf deren Durchführung man sich wirklich konzentrieren muss. Man darf seinen Hund keinesfalls ansehen, ansprechen oder berühren, bevor der Gegenstand wieder im Schrank verschwunden ist.

Mit dieser Übung kann der Halter selbst bestimmen, wie lange er seinen Hund ignorieren möchte. Er kann nicht nur seinen Hund, sondern auch sich selbst in kleinen Schritten daran gewöhnen, den Hund zu ignorieren.

Der Hund wiederum lernt, dass dieses Signal zuverlässig ankündigt, dass keinerlei Aussicht besteht, die Aufmerksamkeit seines Besitzers zu gewinnen. Also gibt er auf, den Halter zu belästigen, und erleichtert es diesem, die Zeit für das Ignorieren immer weiter auszudehnen.

WIRKUNG AUF DEN HUND ▶ Wenn man den Hund erfolgreich ignoriert, wird Verschiedenes bewirkt:
- Der Hund lernt, dass dieses Signal bedeutet, dass er keinesfalls von seinem Besitzer Aufmerksamkeit und Zuwendung bekommen wird.
- Der Hund verliert die Möglichkeit, den Halter zu zwingen, sich um ihn zu kümmern. Daher kann er seinen Menschen nicht mehr so leicht manipulieren.
- Der Halter ist für den Hund nicht mehr ohne weiteres verfügbar und wird infolgedessen für den Hund attraktiver.
- Durch die erhöhte Attraktivität gewinnt der Halter mehr Macht über den Hund.
- Die Bereitschaft des Hundes, für den Halter etwas zu tun, wenn dieser das möchte, wird so gesteigert.

▶ **Entspannungssignale**

Viele Menschen betreiben selbst autogenes Training und wissen um die Wirksamkeit von Entspannungsübungen. Die bei derartigen Übungen genutzten Wirkungsmechanismen können auch bei Hunden angewendet werden. Durch einen Schlüsselreiz für entspanntes Verhalten kann man beim Hund einen Zustand der Entspannung hervorrufen.

Dazu sollte der Hundehalter häufig und *ausschließlich* in Situationen, in denen der Hund stressfrei und entspannt neben ihm sitzt oder liegt, ein ganz bestimmtes Wort aussprechen.

Für Paco ist das Schafffell ein Entspannungssignal.

Dieses Wort darf nur in diesem Zusammenhang benutzt werden. Man kann auch ein Wort wählen, das der Hund sowieso schon gern mag. Es darf aber kein Wort sein, das in Gegenwart des Hundes in irgendeinem anderen Zusammenhang benutzt wird.

Wenn dieses Wort oft genug – Tausende von Malen – in dieser stressfreien Situation wiederholt wird, bildet sich im Gehirn des Hundes eine Verbindung (Assoziation) zwischen dem Wort und dem dabei angenehmen Zustand. Dieser körperliche Zustand und die dazugehörigen Gefühle – Entspannung – können dann bei Bedarf durch das betreffende Wort wieder ausgelöst werden.

Das Wort muss über Wochen mindestens zehn Mal täglich benutzt werden, zuerst nur zu Hause, wenn der Hund ruhig neben dem Halter liegt oder sitzt. Später kann das dann auch draußen geschehen, aber nur, *bevor* sich eine Situation bereits hochgeschaukelt hat.

Das Wort kann auch mit einer Berührung kombiniert werden. Diese Berührung sollte immer in derselben Form und an derselben Körperstelle durchgeführt werden, z. B. ein langsames Streichen über die Körperseite.

Als Entspannungssignal kann eine Decke dienen. Der Hund macht zunächst zu Hause immer wieder die Erfahrung, dass es sehr angenehm ist, auf dieser bestimmten Decke zu liegen. Als Nächstes legt man die Decke auch an andere Stellen in der Wohnung, so dass der Hund lernt: Auf dieser Decke, egal wo sie liegt, fühle ich mich wohl. Im weiteren Verlauf kann man sie überall mit hinnehmen und dem Hund als Entspannungssignal anbieten.

> **Wichtig**
>
> Das Entspannungssignal darf kein Wort sein, das schon in Situationen benutzt wurde, wo der Hund aufgeregt war. Es darf nicht benutzt werden, wenn der Hund schon aufgeregt ist!

▶ **Auslöser abarbeiten**

Damit ein aggressiver Hund zuverlässig »nicht-aggressiv« wird, muss jeder einzelne Auslöser identifiziert und »ausgearbeitet« werden. Aus den bisher geschilderten Methoden werden die für Hund und Halter am besten geeigneten gewählt und der Situation bestmöglich angepasst.

Wenn der Hund also systematisch desensibilisiert wird, muss er regelmäßig immer wieder die Erfahrung machen, dass dieser spezielle Reiz nicht gefährlich ist.

BEISPIEL ▶ Ein Hund, bei dem als Auslöser beispielsweise Männer mit Hut identifiziert sind, wird immer wieder

KOMBINATION ▶ Am erfolgreichsten ist eine Kombination aus Desensibilisierung und Gegenkonditionierung: Der Mann erscheint in einem Abstand, in dem der Hund sehr wohl mit Aufmerksamkeit reagiert, aber noch keine unerwünschten Reaktionen zeigt und der Hund darf während der gesamten Dauer der Anwesenheit des Mannes

Gegenkonditionierung: Berührung der Vorderläufe.

Schritt 1: Die Hand ist in der Nähe, während Max gefüttert wird.

Situationen ausgesetzt, in denen sich ein solcherart bekleideter Mann in einer Entfernung aufhält, in der der Hund ihn *noch nicht* als bedrohlich empfindet. Diese Entfernung wird zunehmend verringert, bis der Hund die Annäherung und Anwesenheit eines Mannes mit Hut ohne unerwünschte Reaktion aushält bzw. sich sogar von ihm berühren lässt.

Bei einer Ausarbeitung mittels einer Gegenkonditionierung muss jedes Mal, wenn ein Mann mit Hut erscheint, gleichzeitig das Lieblingsfutter des Hundes auftauchen und darf *während der gesamten Dauer der Anwesenheit des Mannes auch gefressen werden*. Das Futter verschwindet gleichzeitig mit dem Mann.

fressen. In dem Augenblick, in dem der Mann verschwindet, gibt es kein Futter mehr. Diese Übungen sind erfahrungsgemäß sehr anstrengend. Damit der Erfolg nicht beeinträchtigt oder gar ins Gegenteil verkehrt wird, dürfen weder Hund noch Halter überfordert werden. Am Hund merkt man das bei der Gegenkonditionierung daran, dass er das Futter immer gröber aus der Hand nimmt. Da es bei diesen Übungen ausschließlich darum geht, dass der Hund das Futter im richtigen Moment, also sofort, aufnimmt, und nicht darum, Belohnungen vorsichtig zu nehmen, empfiehlt es sich, bei manchen Hunden von vornherein Handschuhe anzuziehen oder evtl. ein Gefäß zu verwenden. Die weiter vorn beschriebene Futtertube hat sich hier als sehr geeignet erwiesen. Allerdings sollte das entsprechende Futter von einer Konsistenz sein, die eine gleichmäßige Verabreichung aus der Tube ermöglicht. Leberwurst bietet sich an, aber normales Nassfutter kann ebenfalls verwendet werden, vorausgesetzt, es ist fein püriert.

Da in Deutschland nur wenige Psychopharmaka für Tiere zugelassen sind, muss man zu Medikamenten aus der Humanmedizin greifen. In einem solchen Fall sind natürlich die entsprechenden arzneimittelrechtlichen Vorschriften zu beachten. Der Einsatz von Medikamenten muss immer in Absprache mit einem Tierarzt erfolgen.

Schritt 2: Die Hand berührt die Pfotenspitze, während Max frisst.

Schritt 3: Die Hand liegt auf der Pfote, während Max frisst.

▶ **Einsatz von Medikamenten**
Auch über Medikamente können Gefühle beeinflusst werden. Bei Angst- und Panikstörungen ist in vielen Fällen eine Medikation sinnvoll, weil Angst und Stress Lernen be- und sogar verhindern kann. Die Wirkung dieser Medikamente (Psychopharmaka) ist jedoch individuell sehr unterschiedlich. Das am besten geeignete Medikament und die optimale Dosierung können oft erst durch einige Versuche ermittelt werden. Bei der Anwendung von Medikamenten im Zusammenhang mit Aggression besteht leider die Möglichkeit, dass besonders zu Beginn einer Behandlung eine Steigerung des aggressiven Verhaltens auftreten kann. Daher ist hier besondere Vorsicht geboten.

▶ **Medikamenteneinnahme**

Wissenschaftliche Untersuchungen bei Menschen haben gezeigt:
▶ Der ausschließliche Einsatz von Medikamenten ohne begleitende verhaltenstherapeutische Maßnahmen (= die Anwendung lerntheoretischer Prinzipien) führt selten zu einer Heilung.
▶ Bei richtigem Einsatz bewirken verhaltenstherapeutische Maßnahmen dieselben Gehirnveränderungen wie Psychopharmaka.
▶ Rückfälle scheinen häufiger zu erfolgen, wenn Medikamente angewendet und dann abgesetzt werden, als wenn ausschließlich verhaltenstherapeutisch vorgegangen wird.

Erwünschtes Verhalten trainieren

69	▶	Sicherheit durch Kontrolle	96	▶	Fallbeispiel Tom
70	▶	Erfolgreiches Lernen	106	▶	Hund-Hund-Aggression innerhalb der Familie
79	▶	Erwünschte Verhaltensweisen			

Sicherheit durch Kontrolle

Die dritte Säule, auf der die Änderung aggressiven Verhaltens bei Hunden ruht, ist das Einüben neuer, für den Halter wünschenswerter Verhaltensweisen. Diese müssen mit dem Hund so gut eintrainiert werden, dass der Halter sie bei Bedarf zuverlässig abrufen kann und damit seinen Hund unter Kontrolle hat.

Aggressives Verhalten ist ein Versuch des Hundes, mit einem Konflikt umzugehen, eine Situation unter Kontrolle zu bringen. Gleichgültig ob es darum geht, eine Ressource zu gewinnen oder zu behalten, oder Abstand von etwas zu gewinnen, das Angst macht: In diesem Augenblick hat der betreffende Hund keine freundlichen Gefühle.

Wenn nun ein anderes Verhalten *durch Druck* erzwungen wird, kann zwar in vielen Fällen das aggressive Verhalten zufrieden stellend unterdrückt werden. Die Gefühle jedoch ändern sich nicht. Eine so durch den Halter erzielte Kontrolle birgt die Gefahr, dass sie zusammenbrechen und es zu aggressivem Verhalten kommen kann.

Wenn ein Hund jedoch Verhaltensweisen ohne Druck und Zwang erlernt, führt er sie gern aus. Das fördert seine Entspannung. Sobald ein Verhalten so gut eingeübt ist, dass er es sogar in Anwesenheit von angst- und aggressionsauslösenden Reizen ganz automatisch ausführen kann, steigt die Entspannung des betreffenden Hundes in diesen Situationen zunehmend. Seine Gefühlslage wird verbessert und seine Aggressionsbereitschaft vermindert. Aus diesem Grund sollte erwünschtes Verhalten mittels Belohnung eingeübt und attraktiv gemacht und nicht durch Druck und Bestrafung erzwungen werden.

Beide, Hund und Halter, gewinnen so im Lauf der Zeit immer mehr Kontrolle, und wer sein Leben kontrollieren kann, fühlt sich grundsätzlich besser. Das haben auch wissenschaftliche Untersuchungen gezeigt: Wer das Gefühl hat, seine eigenen Lebensumstände beeinflussen und kontrollieren zu können, hat weniger Stress.

Füttern aus der Hand verändert einerseits die Gefühle – andererseits dient es auch dazu, dass eine erwünschte Verhaltensweise erlernt und gern ausgeführt wird.

Paco führt erlernte Verhaltensweisen mit Franziska, die er gerade erst kennen gelernt hat, aus – hier »Bei Fuß«.

Blickkontakt mit einer bisher unbekannten Person – für Paco keine geringe Leistung.

Erfolgreiches Lernen

Der Hund lernt beim Eintrainieren von abrufbaren Verhaltensweisen, dass und welche Folgen ein bestimmtes Verhalten hat. Er kann jedoch Verhalten und Folge nur dann miteinander in Verbindung bringen – miteinander assoziieren –, wenn die Folge sich dem Verhalten unmittelbar anschließt, und zwar *innerhalb einer Sekunde.* Das ist die Grundvoraussetzung für erfolgreiches Training und liegt an der Beschaffenheit von Sinnesorganen, Nerven und Gehirn. Je präziser diese Grundregel befolgt wird, desto schneller wird für den Hund deutlich, was von ihm gewünscht wird. Diese Art des Lernens wird als *instrumentelle oder operante Konditionierung* bezeichnet.

Hunde verknüpfen beim Erlernen eines Verhaltens damit zunächst die gesamte Situation. Eine Aufgabe, die in einem bestimmten Raum und in Anwesenheit bestimmter Personen geübt wurde, klappt dann in dieser Situation ganz gut, nicht jedoch in einer anderen Umgebung oder inAnwesenheit anderer Personen. Das kennt fast jeder Hundehalter: Eine Übung klappt wunderbar auf einem Spaziergang, wenn man allein mit dem Hund unterwegs ist, aber nicht, wenn jemand anders dabei ist. Oder es funktioniert hervorragend auf dem Hundeplatz, nicht jedoch an anderen Stellen.

▶ **Kontextspezifisches Lernen**
Für Hunde spielen alle in der Lernsituation vorhandenen Umweltreize eine Rolle und werden mitverknüpft: Hunde lernen *kontextspezifisch*. Damit ein Hund die unterschiedlichen Verhaltensweisen auch unter verschiedenen

Umständen gut beherrscht, muss er sie auch unter den verschiedensten Umständen geübt haben.

Man beginnt mit dem Eintrainieren einer neuen Übung vorzugsweise in einer ruhigen Umgebung ohne störenden Einfluss. Es erleichtert das Lernen erheblich, wenn Neues zunächst in einer bekannten Umgebung eingeübt wird. Vieles kann z. B. leicht zu Hause durchgeführt werden. So können störende Einflüsse kontrolliert und minimiert werden und man ist vor Passanten, anderen Hunden oder sonstigen unerwünschten Überraschungen geschützt.

Sobald ein bestimmtes Verhalten zufrieden stellend erlernt ist, wird es in weiteren, neuen Situationen geübt. Auch hier werden Situationen gewählt, die Hund und Halter *erfolgreich* bewältigen können. So werden schrittweise die Fähigkeiten von beiden gesteigert. Damit einhergehend wachsen das Selbstvertrauen des Halters sowie seine Fähigkeit, schwierige Situationen zu meistern.

Da wissenschaftlich nachgewiesen ist, dass Erfolg Lernen fördert, lohnt es sich, Erfolg wahrscheinlich zu machen, indem man in geeigneter Umgebung Übungen durchführt, die Hund und Hundehalter nicht überfordern.

Zunehmend werden die erwünschten Verhaltensweisen dem Hund auch in kritischeren Situationen abverlangt. Der Hund lernt so im Lauf der Zeit, dass er Krisensituationen mit diesen neuen Verhaltensweisen erfolgreich bewältigen kann. Das unangemessene und unerwünschte aggressive Verhalten wird immer weniger oft erforderlich und daher auch immer weniger gezeigt.

Blickkontakt halten und mit Schwung aus der Bewegung ins Sitz – das Vergnügen, das beide an der Zusammenarbeit haben, ist deutlich sichtbar.

▸ **Lernphasen**

Beim Erlernen neuer Verhaltensweisen werden vier Lernphasen durchlaufen:
1. Erwerben
2. Fluss
3. Generalisation
4. Aufrechterhaltung

Als Erstes wird der Ablauf der Handlung gelernt, das Verhalten wird neu erworben. Man denke nur daran zurück, wie holprig beim Autofahren die ersten Versuche ausgefallen sind. Mit zunehmendem Üben wird das immer flüssiger und nach einer gewissen Zeit und entsprechend vielem Üben wird das *Verhalten generalisiert*: Man kann jetzt überall und auch mit verschiedenen Autotypen fahren. Eine erlernte Fähigkeit wird aufrechterhalten, wenn man sie regelmäßig einsetzt. Geschieht das nicht, so kommt man aus der Übung und kann alles wieder vergessen. Das wird besonders bei Fremdsprachen sehr deutlich.

Beim Ändern von unerwünschtem Verhalten lernen beide, Hund und Halter, neue Verhaltensweisen, d. h. alle beide müssen in Bezug auf alles Neue diese vier Phasen bewältigen.

Übungen strukturieren

Um dem Hund zu vermitteln, was er tun soll, muss man selbst ein klares Bild davon haben, was genau passieren soll. Wenn z. B. das Endziel darin besteht, dass sich ein Hund auf Aufforderung hinsetzt, wird von ihm erwartet:
a. Nimm deinen Popo auf den Fußboden,
b. genau dort, wo du bist,
c. genau in dem Augenblick, in dem ich es sage.
d. Bleib in dieser Position so lange, bis ich etwas anderes sage (Auflösungswort).

Es muss außerdem ein eindeutiges Hör- bzw. Sichtzeichen gewählt werden. Hunde besitzen kein Sprachverständnis und für einen Hund ist nicht erkennbar, dass Menschen mit den folgenden Geräuschen immer dasselbe meinen:
- Sitz
- Setz dich
- Setz dich hin
- Geh ins Sitz
- Hinsetzen
- Du sollst dich hinsetzen, hab' ich gesagt
- Mach Sitz
- Mach doch endlich Sitz
- SITZ!

SIGNALE GEBEN ▶ Ich benutze anstelle von Kommando oder Befehl lieber die Bezeichnung Signal, weil mit den Worten Kommandos und Befehle eine bestimmte Erwartungshaltung verbunden ist. Wenn Kommandos und Befehle nicht befolgt werden, wird die damit verbundene Erwartung enttäuscht und das löst Ärger und Wut aus: Gefühle, die beim Hundetraining nichts verloren und für Hund und Halter nur negative Wirkungen haben.

Ein Signal löst das erwünschte Verhalten zuverlässig und unabhängig von der Situation aus, wenn der Hund gelernt hat, alle anderen Umweltreize zu ignorieren. Dazu muss für den Hund eindeutig sein: Wenn er genau in dem Augenblick, in dem das Signal erscheint, dieses bestimmte Verhalten ausführt, unabhängig davon wo er sich gerade befindet, kann etwas von ihm Erwünschtes eintreten, also etwas Angenehmes geschehen bzw. etwas Unangenehmes beendet oder von vornherein vermieden werden. Weil das Signal das genaue Verhalten kennzeichnet, wird es als *diskriminativer Stimulus* bezeichnet.

Die Bedeutung eines Signals kann Menschen meist über Worte vermittelt werden. Ein Mensch, dem man erklärt hat, dass eine rote Ampel Anhalten bedeutet, weiß von diesem Augenblick an, welches Verhalten beim Anblick einer roten Ampel angebracht ist. Ein

Hier wird überprüft, ob Max Wortsignale wirklich beherrscht. Er achtet aufmerksam auf Franziska, die »Platz« sagt und ihm dabei den Rücken zuwendet.

Hund dagegen muss das Signal und das Verhalten oft genug miteinander zusammen ausgeführt haben.

> **Wichtig**
>
> Ein Hund muss die gewünschte Verhaltensweise schon beherrschen, bevor er lernen kann, *wann* er diese Handlung zeigen soll: in dem Augenblick, in dem das Signal auftaucht. Ein Hund lernt also erst, *was* er tun soll und dann, *wann* er es tun soll.

DISKRIMINATIVER STIMULUS ▶

Wenn ein Hund sich immer und überall sofort hinsetzt, wenn man »Sitz« sagt, löst der diskriminative Stimulus das Verhalten »Sitz« zuverlässig aus. Damit steht das Verhalten »Sitz« unter *Signalkontrolle*. Häufig ist jedoch eine ganze Reihe von Komponenten mit an der Auslösung eines Verhaltens beteiligt. Erst wenn diese meist unbewussten körpersprachlichen Signale herausgefiltert und getilgt sind, steht ein Verhalten wirklich unter Signalkontrolle.

Worte, Geräusche oder Handzeichen können Signalfunktion haben. Es kann aber auch ein Umweltfaktor ein erwünschter diskriminativer Stimulus für ein bestimmtes Verhalten sein. Bei einem Blindenführhund soll z. B. die Bordsteinkante ein diskriminativer Stimulus sein, der die Verhaltensweise »anhalten« zuverlässig auslöst.

Bevor man mit dem Training beginnt, muss das Ziel und die dazugehörigen Verhaltensweisen klar definiert werden. Dann wird das Signal festgelegt, das als diskriminativer Stimulus benutzt werden soll. Anschließend entscheidet man, auf welche Weise dem Hund das erwünschte Verhalten beigebracht werden soll. Das richtet sich nach Aufgabe und Hund. Es kann über den Einsatz von Hilfsmitteln geschehen, oder, indem man Vorstufen des erwünschten Verhaltens belohnt. Das Letztere wird als Shaping bezeichnet.

Während Max das Wortsignal »Platz« gut befolgt, wenn Franziska ihm dabei gegenüber steht, legt er sich in dieser Situation nicht hin.

Franziska wiederholt das Wort, aber Max wendet sich nach kurzem Zögern verwirrt von ihr ab – offensichtlich ist das Wort allein für ihn ohne Bedeutung.

▶ **Shaping**
Dazu wird das erwünschte Endverhalten in eine Reihe von geeigneten Vorstufen zerlegt. Beim Aufnehmen eines Gegenstandes vom Boden auf Signal könnte das z. B. so aussehen:
▶ Kopf Richtung Gegenstand drehen
▶ Gegenstand anschauen
▶ Hals beugen Richtung Gegenstand
▶ Kopf Richtung Gegenstand bewegen
▶ Kopf weiter annähern
▶ Gegenstand mit der Nase berühren
▶ Gegenstand mit der Nase anstupsen
▶ Gegenstand ein bisschen wegschieben
▶ Maul dabei öffnen
▶ Gegenstand kurz ins Maul nehmen
▶ Gegenstand länger im Maul halten
▶ Zeit, die der Gegenstand im Maul gehalten wird, in kleinen Schritten immer weiter ausdehnen.

Zielverhalten. Dafür eignet sich Clickertraining besonders gut.
Die einzelnen Schritte beim Shaping können unterschiedlich schnell erreicht werden. Bei komplizierten Anteilen kann das etwas länger dauern. Wenn es gar nicht voranzugehen scheint, muss vielleicht ein Abschnitt noch weiter in kleinere Komponenten zerlegt werden oder man geht einfach einen oder zwei Trainingsschritte zurück.

SIGNAL FÜR SHAPING EINFÜHREN
▶ Das Signalwort, der diskriminative Stimulus für das Verhalten, kann an verschiedenen Stellen erlernt werden. Die früheste Möglichkeit wäre, sobald der Gegenstand so interessant geworden ist, dass der Anblick ausreicht, um den Hund zu motivieren, ihn ins Maul zu nehmen.
Dazu hält man den Hund zurück, legt den Gegenstand bereit, lässt den Hund los und spricht das Signalwort aus.
Das Zielverhalten, Aufnehmen und Halten des Gegenstandes, wird wie üblich belohnt. Ab jetzt wird das Verhalten nur noch dann belohnt, wenn der Hund vorher dazu aufgefordert worden ist. Dadurch kommt es unter Signalkontrolle. Wenn das zuverlässig klappt, kann weiter an der Dauer gearbeitet werden.
Ebenso wie bei komplizierten Anteilen des Verhaltens würde man ein oder zwei Stufen im Training zurückgehen, wenn Verhalten, das eigentlich schon gezeigt wurde, in einer neuen Umgebung oder unter größerer Ablenkung nicht mehr klappt.

Bödzi lernt über Shaping, einen Gegenstand aufzunehmen. Am Anfang nähert er sich nur an. Beim Shaping wartet man, bis der Hund von sich aus ein geeignetes Verhalten anbietet, z. B. den Kopf in die richtige Richtung dreht, und belohnt dieses Verhalten. Jede weitere Verhaltensweise, die in Richtung des gewünschten Endverhaltens führt, wird durch Belohnen verstärkt. Auf diese Weise entwickelt sich mit der Zeit das

ERFOLGREICHES LERNEN 75

▶ **Wahl geeigneter Hilfen**

Bei manchen Verhaltensweisen könnte man lange warten, bis der Hund sie von sich aus zeigt. Also greift man zu Hilfen und Hilfsmitteln, um das erwünschte Verhalten hervorzurufen, und belohnt es dann.

BERÜHRUNG ▶ Es ist möglich, den Hund durch entsprechende Berührungen in die gewünschte Position zu bringen.

»Sitz« kann trainiert werden, in dem der Hund an der Leine gehalten und durch Druck auf den Po in die Sitzposition gebracht wird. Sowohl die Intensität der Leineneinwirkung als auch des eingesetzten Drucks auf den Po kann natürlich ganz unterschiedlich sein. Sie sollte bedachtsam und dem Hund angemessen eingesetzt werden. In dem Augenblick, in dem sich der Hund hinsetzt, sollte die Leine sofort locker werden und der Druck auf das Hinterteil aufhören und so das erwünschte Verhalten »Sitzen« verstärkt werden. Ein Lobwort und ein Leckerbissen können zusätzlich eingesetzt werden.

FUTTER ▶ Der Hund kann durch Futter in der Hand in die gewünschte Position geführt/gelockt werden.

Auf diese Weise kann eigentlich jeder Hund »an der Nase herumgeführt« und in die gewünschte Position gebracht werden. Ich selbst ziehe diesen Weg grundsätzlich vor, und gerade bei aggressivem Verhalten gegenüber Bezugspersonen ist es von Vorteil, wenn der Hund zum Trainieren nicht berührt werden muss.

Um einen Hund zu lehren, sich gern und sofort hinzulegen, führt man ihn mit Hilfe eines Futterbissens in die gewünschte Position. In dem Augenblick, in dem der Hund diese Position erreicht, bekommt er sofort das Futterbröckchen. Manchmal lohnt es sich, den Hund während des gesamten Bewegungsablaufs ein bisschen an der Belohnung lecken zu lassen. Das geht besonders gut, wenn man etwas verwendet, das pastenartig ist, z. B. Leberwurst. Aber Vorsicht: Eine zu außergewöhnliche, zu hochwertige Belohnung kann so große Begeisterung auslösen, dass der Hund vor lauter Erregung nicht mehr lernen kann.

Wenn man das mehrmals durchgeführt hat, wird der Hund immer schneller der Hand mit der Belohnung folgen und sich in die gewünschte Position begeben. Jetzt nimmt man in jede Hand einen Futterbissen. Sobald er wie bei den vorhergehenden Durchgängen der Hand gefolgt und in der richtigen Position ist, erhält er jetzt die Futterbelohnung ganz schnell aus der anderen Hand.

In weiteren Schritten berührt er schließlich den Gegenstand mit der Schnauze, nimmt ihn dann ganz kurz ins Maul und hält ihn immer länger.

Um die Wirkung eines Kopfhalfters zu zeigen, darf Paco vorspringen. Durch ein kurzes Nachgeben wurde hierbei ein scharfer Ruck vermieden.

Nach einigen weiteren Durchgängen hat man nur noch in dieser zweiten Hand eine Belohnung: Der Hund folgt nun der leeren Hand in die richtige Position.
Dabei lernt er:
- gern und immer schneller in die gewünschte Position zu gehen,
- der Hand zu folgen, obwohl kein Futterbissen darin ist.

Nach einiger Zeit entwickelt sich in den meisten Fällen aus der dabei gezeigten Handbewegung ganz automatisch ein Handsignal.

Erst wenn der Hund zuverlässig die gewünschte Position einnimmt, wird in kleinen Schritten die Zeit ausgedehnt, die er auf die Belohnung warten muss. Die Schritte sollten so klein gewählt werden, dass der Hund auch in der gewünschten Position bleibt.

Wenn der Hund sich aus der gewünschten Position entfernt, hat nicht er einen Fehler begangen, sondern sein Mensch. Der hat von ihm ein bisschen zu viel verlangt, etwas, was noch nicht ausreichend geübt worden ist.

SITUATIONEN GEZIELT HERVORRUFEN ▶ Man kann eine Situation herstellen, in der ein bestimmtes Verhalten des Hundes zwangsläufig das gewünschte Verhalten zur Folge hat: Ein Hund, der vorher an ein Kopfhalfter gewöhnt worden ist, wird in eine Situation gebracht, in der er etwas sieht, zu dem er gern hin möchte. Dieses Objekt sollte sich in einer Entfernung befinden, in der der Hund so interessiert ist, dass er in diese Richtung zieht, um dorthin zu gelangen. Er sollte dabei aber nicht in eine wirklich hohe Erregungslage kommen, nicht richtig ausrasten.

Der Hund zieht also zu dem begehrten Objekt, der Hundehalter hält die Leine ruhig fest, und durch die so durch den Hund ausgeübte Kraft wird der Kopf des Hundes zur Seite gezogen. Dadurch verschwindet das Objekt seiner Begierde aus dem Blickfeld. Dieses erwünschte Verhalten, nämlich Blick weg vom Objekt mehr in Richtung Hundehalter, wird sofort von diesem mit Lob und Leckerbissen belohnt.

Der Druck des Kopfhalfters auf die Nase wird dabei automatisch in dem

Maß verringert, in dem sich der Hund weiter von dem Objekt ab- und zum Halter hinwendet. Damit wird dieses erwünschte Verhalten *im richtigen Moment* belohnt, nämlich in dem Augenblick, in dem es erfolgt.

Je öfter sich das Ganze wiederholt, desto schneller erfolgt die erwünschte Reaktion. Im Lauf der Zeit löst das Erscheinen des Objekts der Begierde selbst das Abwenden aus und wird damit zum diskriminativen Stimulus für Abwenden.

beschrieben wieder ausgeschlichen werden. Futter darf nicht zur Voraussetzung dafür werden, dass das Verhalten überhaupt gezeigt wird. Das wäre eine Bestechung. Das heißt aber nicht, dass es für ein einmal erlerntes Verhalten nie wieder eine Futterbelohnung geben soll. Grundsätzlich sollte der Einsatz von Körpersignalen und Hilfsmitteln durchdacht erfolgen. Weiterhin sollte darüber nicht vergessen werden, von selbst angebotenes Verhalten zu würdigen und zu belohnen.

Das Kopfhalfter bewirkt bei der Landung, dass Paco sich seinem Frauchen zuwendet und Blickkontakt aufnimmt. Das wird belohnt.

Es spricht nichts dagegen, bei Bedarf dauerhaft ein Kopfhalfter einzusetzen. Gerade zierliche Personen können so ihre Kontrolle über einen großen, schweren und temperamentvollen Hund erheblich verbessern. Voraussetzung ist in jedem Fall, dass das Kopfhalfter richtig angepasst und sachgemäß eingesetzt wird. Der Anwendung sollte eine Gewöhnungsphase vorausgehen.

Futter sollte beim Erlernen einer neuen Verhaltensweise *jedes Mal* gegeben werden, dann aber wie oben

▶ Chaining

Um eine Handlungskette, also eine ganze Reihe von verschiedenen Verhaltensweisen in einer bestimmten Reihenfolge, aufzubauen, werden zunächst alle beteiligten Verhaltensweisen einzeln erlernt und anschließend mittels Chaining miteinander verknüpft.

Nehmen wir folgendes Beispiel: Der Hund soll vier verschiedene Hindernisse auf einem Agility Parcours in einer bestimmten Reihenfolge absolvieren.
1. Durch den Tunnel laufen.
2. Durch einen Reifen springen.
3. Über eine Planke gehen.
4. Durch die Stäbe laufen.

Zuerst lernt er also alle vier Aufgaben, jede für sich allein, bis er jede dieser Aufgaben unabhängig voneinander gut beherrscht (jede dieser einzelnen Aufgaben besteht natürlich ebenfalls aus einer Reihe von Handlungen = Handlungskette).

FORWARD CHAINING ▶ Anschließend kann nun die Handlungskette mittels Forward Chaining von Anfang an in einzelnen Schritten der Reihe nach aufgebaut werden. Dabei wird an die erste Aufgabe die Nr. 2 angehängt, und so weiter. Der Hund lernt, immer mehr für eine Belohnung zu leisten. Wenn man dabei zu schnell vorangeht, kann durch eine Überforderung des Hundes die Kette zusammenbrechen.

Das Forward Chaining erleichtert es, bei einzelnen Komponenten der Verhaltenskette zu intermittierender Belohnung überzugehen. Das wiederum verstärkt sowohl die Kette als auch jede einzelne Komponente. Die einzelnen Verhaltensweisen sind am Beginn der Kette am stärksten und nehmen mit zunehmender Länge der Kette ab. Das birgt die Gefahr, dass der Hund irgendwo in der Mitte aufhört und gar nicht bis zum Endverhalten kommt.

Die Reihenfolge der einzelnen Verhaltensweisen kann leicht geändert werden, ohne damit die gesamte Kette zu beeinträchtigen.

BACKWARD CHAINING ▶ Dies ist eine andere Möglichkeit, wobei das Ganze vom Ende her aufgebaut wird, so als ob man beim Lernen eines Gedichts mit dem letzten Vers anfängt. Mit jeder einzelnen Verhaltensweise rückt der Hund dem Ende der Verhaltenskette und damit der Belohnung einen Schritt näher. Das bewirkt, dass jede einzelne Verhaltensweise das vorhergehende Verhalten belohnt.

Bei unserem Agilitiy Parcours Beispiel würde man also mit Nr. 4 anfangen, und dann im nächsten Schritt Nr. 3 vorschalten. Da das Verhalten Nr. 4 zuverlässig die Belohnung ankündigt, wirkt Verhalten 4 selbstbelohnend auf Verhalten Nr. 3. Wenn nun nach entsprechender Zeit Nr. 2 der Nr. 3 vorgeschaltet wird, wirkt Verhalten 3 belohnend für Verhalten 2, weil es Verhalten 4 und damit die Belohnung ankündigt, und dasselbe gilt, wenn zum Schluss Verhalten Nr. 1 vor dem Verhalten Nr. 2 ausgeführt wird.

Beim Backward Chaining ist die Verstärkung der Verhaltensweisen am Ende der Handlungskette am größten. Da die Verhaltensweisen am Anfang der Kette am wenigsten verstärkt sind, können sie leichter versagen, und dann bricht die ganze Kette zusammen. Neue Verhaltensweisen können daher nicht einfach in die Handlungskette eingefügt werden, man kann die Kette nur verkürzen.

Erwünschte Verhaltensweisen

Oft haben gerade Problemhunde schon viele Erziehungsversuche hinter sich. Die Erfahrungen, die sie dabei gemacht haben, können es erschweren, die Reaktion auf die üblichen Signale wie »Sitz«, »Platz«, »Komm« oder »Aus« wieder herzustellen oder zu verbessern. Es wirkt sich z. B. nachteilig aus, wenn das Signal sehr häufig verwendet worden ist, ohne dass daraufhin das erwünschte Verhalten auch tatsächlich erfolgt ist. Ein Signal, bei dem das typischerweise vorkommt, ist der Rückruf »Komm«. Auch der Einsatz von Strafen bei früheren Trainingsversuchen kann sich schädlich auswirken. Wenn eine Verknüpfung mit Angst entstanden ist, kann das entsprechende Signal, z. B. das Wort »Platz«, Angst und evtl. Flucht auslösen. In extremen Fällen kommt es sogar zu Aggressionsverhalten. Mit ganz neuen, *dem Hund bisher unbekannten Worten oder Geräuschen* kann in solchen Fällen daher ein gut funktionierendes Signal sehr viel leichter aufgebaut werden.

In Krisensituationen kann das erwünschte Verhalten nur dann im richtigen Augenblick abgerufen werden, wenn der Hundehalter seinen Hund aufmerksam im Auge behält und rechtzeitig reagiert. Das ist jedoch nicht erforderlich, wenn Faktoren in der Umwelt bewirken, dass der Hund in bestimmten Situationen von sich aus richtig reagiert. Besonders günstig ist, wenn der Auslöser des unerwünschten Verhaltens zum diskriminativen Stimulus für das erwünschte Verhalten wird. Ein Hund, der zur Begrüßung an Menschen hochspringt, könnte sich stattdessen bei der Annäherung von Menschen höflich und ohne extra Aufforderung vor diese hinsetzen. Einer, der zu toben anfängt, wenn es an der Haustür klingelt, könnte beim Ertönen der Glocke von sich aus seinen Platz aufsuchen und sich dort hinlegen. Ein Hund, der Enten jagt, könnte lernen, beim Anblick von Enten automatisch den Kopf abzuwenden und Blickkontakt mit dem Halter aufzunehmen.

In der Hocke kann man den Hund besonders gut zum Befolgen des Rückrufs motivieren.

Der Anblick des anderen Hundes löst die Wendung zum Halter aus – die natürlich belohnt wird.

Als andere Reaktionsmöglichkeit beim Anblick von etwas Beunruhigendem kann ein Bringsel ins Maul genommen werden. Ein am Halsband befestigtes Bringsel steht dem Hund jederzeit zur Verfügung.

▶ **Alternativverhalten**

Am besten geeignet, um ein unerwünschtes Verhalten in den Griff zu bekommen, ist ein so genanntes Alternativverhalten. Darunter versteht man ein Verhalten, das mit dem unerwünschten Verhalten, das der Hund zeigt, unvereinbar ist, weil es nicht zeitgleich ausgeführt werden kann. So kann ein Hund, der ruhig auf seinem Platz liegt, nicht gleichzeitig umherwandern und Unsinn machen. Ein Hund, der einen Rückruf gut befolgt, kann nicht auf jemanden zustürmen. Man kann niemanden beißen, wenn man etwas im Maul trägt. Anspringen und Sitzen sind ebenfalls nicht miteinander vereinbar. Blickkontakt mit dem Hundeführer ist nicht vereinbar damit, irgendetwas anderes, sei das ein Hund oder ein Mensch, drohend zu fixieren.

Grundsätzlich wird zuerst das erwünschte Verhalten auftrainiert. Anschließend wird es in Situationen geübt, die zunehmend höhere Ansprüche an den Hund stellen. Dafür eignen sich am Anfang erfahrungsgemäß sorgfältig inszenierte Trainingssituationen besser als Zufallsbegegnungen.

▶ **Abwenden**

Der Auslöser für Angst, Aggression oder Jagdverhalten soll bewirken, dass der Hund sich abwendet und/oder Blickkontakt mit seinem Halter aufnimmt. Damit verschwindet der Reiz, der das unerwünschte Verhalten auslöst, aus dem Blickfeld und kann nicht weiter fixiert werden. Ein entgegenkommender und möglicherweise selbst drohender Hund kann dann z. B. nicht weiter bedroht werden. Außerdem wird ihm ein Beschwichtigungssignal, der abgewendete Kopf, präsentiert.

Dazu wird der Hund zuerst an das Tragen eines Kopfhalfters gewöhnt (siehe S. 48). In den anschließenden Trainingssituationen soll der Angst / Aggressionsauslöser **AA** so weit entfernt sein, dass der Hund zwar in dessen Richtung zieht, möglichst aber nicht ganz außer Rand und Band gerät. Der Hundeführer hält den Hund ruhig und ganz ohne Ruckbewegung fest. Der Hund sollte keine Vorwärtsbewegung durchsetzen können. Stattdessen führt die vom Hund eingesetzte Kraft in Verbindung mit dem Kopfhalfter dazu, dass der Kopf des Hundes mehr

ERWÜNSCHTE VERHALTENSWEISEN

oder weniger zur Seite gezogen wird und dadurch der **AA** aus dem Blickfeld des Hundes verschwindet. In diesem Augenblick wird sofort belohnt.

Mit zunehmender Anzahl von Trainingseinheiten wird das gewünschte Verhalten immer schneller gezeigt werden, und der Abstand zu dem **AA** kann in kleinen Schritten immer weiter verringert werden.

Hier könnte natürlich ein Signal eingesetzt werden, mit dem der Halter den Hund zum Umwenden und Aufnehmen von Blickkontakt auffordert. Ich ziehe es hier vor, kein vom Halter ausgehendes Signal zu verwenden. So lernt der Hund im Lauf der Zeit, sich ganz von selbst dem Halter zuzuwenden, wenn er einen **AA** wahrnimmt.

▸ **Bringsel aufnehmen**

Ein Hund, der ein Bringsel trägt, kann in diesem Augenblick nicht beißen. Über die beim Aufnehmen und Tragen eines Bringsels eingesetzte motorische Energie wird Spannung und Stress abgebaut. Der **AA** wird zum diskriminativen Stimulus, der das Aufnehmen des Bringsels bewirkt.

TRAININGSSCHRITTE ▸

1. Aufnehmen des Bringsels auf Signal kann über Shaping trainiert werden (siehe S. 74).
2. Signal zum Aufnehmen trainieren (siehe S. 87).
3. Bringsel wird so am Halsband befestigt, dass es für den Hund gut erreichbar ist und ihn nicht beim Laufen behindern kann.
4. Bringsel auf Signal vom Halsband aufnehmen üben, bis es gut funktioniert.
5. Trainingssituationen inszenieren:

In dem Augenblick, in dem der Hund den **AA** wahrnimmt, ertönt das Signal zum Aufnehmen des Bringsels. Wichtig: Der Hund sollte aufmerksam sein und den **AA** gut wahrnehmen können, aber nicht in eine hohe Erregungslage kommen.
6. Das Bringsel wird nur angelegt, wenn auch trainiert wird.
7. Nach ausreichend häufiger Paarung von **AA** mit dem Signal bewirkt der **AA** die Aufnahme des Bringsels.
8. Wenn der Hund das Bringsel zuverlässig jedes Mal aufnimmt, wenn der **AA** erscheint, wird die Zeit, die er das Halsband mit Bringsel trägt, nach Bedarf weiter ausgedehnt.

Im Prinzip ist jedes Material, das haltbar genug ist, für ein Bringsel geeignet. Allerdings beschleunigt es das Training, wenn das Bringsel aus einem Material besteht, das der Hund sowieso gern ins Maul nimmt. Am besten sorgt man von Anfang an für mehrere gleichartige Bringsel. Sonst muss man möglicherweise ganz neu trainieren, wenn aus irgendwelchen Gründen das alte Bringsel ersetzt werden muss.

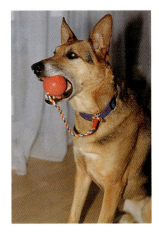

Zum Rückruftraining geht Franziska in die Hocke und lockt Bödzi, bis er richtig an der langen Leine zieht.

▶ **Rückruf (instrumentell konditioniert)**

Für einen *erfolgreichen* Rückruf wählt man ein Signal, das der betreffende Hund bis zu diesem Zeitpunkt noch nie erlebt hat. Um jede Störung zu vermeiden, werden die folgenden Übungen zunächst ausschließlich in der Wohnung durchgeführt.

In einer Situation, in der der Hund in jedem Fall mit Aufmerksamkeit reagieren wird, ertönt dicht neben dem Hund das Signal, und auf seine Aufmerksamkeit erfolgt *sofort* eine ganz tolle Belohnung. Diese Aktion führt man mehrmals über den Tag verteilt durch.

Wenn nach einigen Durchläufen aus der Reaktion des Hundes deutlich zu erkennen ist, dass es zu einer Verknüpfung zwischen Signal und Belohnung gekommen ist, ertönt das Signal ein bisschen weiter vom Hund entfernt, so dass der Hund einen kleinen Weg zurücklegen muss, um seine Belohnung abzuholen.

Ab jetzt werden die Anforderungen in kleinen Schritten gesteigert, aber so, dass der Hund *garantiert* kommen wird. Das Signal ertönt immer ganz überraschend, von den unterschiedlichsten Stellen der Wohnung, zu den verschiedensten Zeiten, und der Hund muss immer größere Entfernungen zurücklegen, um seine Belohnung zu bekommen.

▶ **Wichtig**

Das Signal darf am Anfang der Übung noch keinesfalls benutzt werden, um den Hund wirklich zurückzurufen.
Erst wenn das Signal unter allen möglichen Bedingungen geübt wurde und zuverlässig funktioniert, wird es auch »im wirklichen Leben« benutzt. Allerdings sollte man es weiterhin regelmäßig immer wieder in Situationen einsetzen, in denen es für den Hund nichts wirklich Attraktives gibt, was ihn vom Zurückkommen abhalten könnte. Nur so kann verhindert werden, dass der Hund irgendwann verknüpft: Dieses Signal ertönt immer, wenn ... – und sich, bevor er zurückkommt, erst einmal umschaut, ob nicht irgendetwas Lohnenderes in der Nähe ist.

PLANUNG DER ÜBUNGEN ▶ Jede einzelne Übung muss so geplant werden, dass der Hund in jedem Fall richtig reagieren und kommen wird. Er darf jedoch nicht schon vorher gemerkt haben, was man vorhat, z. B. an der Vorbereitung der Belohnung. Wenn man das dann ungefähr zwei Wochen lang drei bis vier Mal täglich erfolgreich in der Wohnung durchgeführt hat, kann man damit anfangen, auch draußen zu üben.

Für draußen gilt ebenfalls: Das Signal darf nur in Situationen geübt werden, in denen absolut sicher ist, dass der Hund richtig reagieren wird. Wenn daran auch nur der geringste Zweifel besteht, sollte das Signal nicht eingesetzt werden, weil damit der Aufbau erheblich gefährdet würde. Das Ausmaß der Ablenkungen wird in so kleinen Schritten gesteigert, dass der Hund das Richtige tut und nicht überfordert wird. Gleichzeitig wird durch entsprechende Maßnahmen, z. B. eine lange Leine, die Möglichkeit zu Fehlverhalten ausgeschlossen.

Man kann einen Rückruf nicht nur mittels der oben geschilderten instrumentellen Konditionierung aufbauen, sondern auch über eine klassische Konditionierung. Da Reaktionen, die auf einer klassischen Konditionierung beruhen, nicht einer Entscheidung unterliegen, sondern unabhängig vom Willen des Betreffenden ausgelöst werden, kann das vorteilhaft sein.

Die Leine wird erst losgelassen, wenn man sicher ist, dass es für den Hund nur eines gibt: möglichst ganz schnell bei Frauchen sein.

Bödzi folgt dem Futterbröckchen in der Hand. Die Belohnung erhält er in dem Augenblick, in dem er sich in der gewünschten Position befindet

▶ **Rückruf
(klassisch konditioniert)**
Dazu eignet sich ein Spiel, das Halter und Hund gemeinsam spielen, z. B. ein Zerrspiel mit einem ganz besonders geliebten Spielzeug, welches ausschließlich bei diesem speziellen Spiel auftaucht. Das Spiel muss nicht lange dauern. Keinesfalls wird das Spielzeug dem Hund überlassen. Dadurch, dass der Halter es während des ganzen Spiels festhält und nicht aus der Hand gibt, ist die Nähe des Hundes zum Halter garantiert. Die erforderliche Verknüpfung kann erst dann hergestellt werden, wenn auch ein derartiges Spielzeug und Spiel existieren.

Unmittelbar bevor das Spielzeug erscheint und das Spiel beginnt, ertönt jedes Mal das ausgewählte Signal, z. B. ein besonderer Pfiff. Damit wird dieses Signal zur zuverlässigen Ankündigung für das Spiel.

ABLENKUNGEN ▶ Zu Beginn wird das Spiel nur in Situationen ausgelöst, in denen es keine anderen Ablenkungen gibt. Im weiteren Verlauf löst man das Verhalten in immer anspruchsvolleren Situationen aus, die jedoch so inszeniert sein müssen, dass der Hund das Spielangebot begeistert annimmt. Die Möglichkeit für Fehlverhalten wird durch eine lange Leine ausgeschlossen. Während der Übungen wird streng darauf geachtet, dass
▶ der Hund immer direkt neben dem Halter ist,
▶ die Körperhaltung des Halters keinesfalls bedrohlich wirkt und den Hund beim Spielen hemmen kann.

Das Signal löst beim Hund aufgrund der erfolgten Verknüpfungen das Gefühl aus: Super Spiel beim Halter.

Um sich ganz schnell in dieser Position zu befinden, begibt sich der Hund nach entsprechendem Training auch aus einer gewissen Entfernung zum Halter zurück, denn nur dann kann dieses Spiel auch stattfinden. Daher bewirkt das entsprechende Signal die Rückkehr zum Halter. Damit die erwünschte Reaktion aufrechterhalten bleibt, muss das Spiel aber regelmäßig stattfinden, *ohne* dass der Hund dabei eine Distanz zurücklegen muss.

Wenn man beim Training eines Rückrufs mit der langen Leine arbeitet, muss diese sorgfältig wieder abtrainiert werden (siehe S. 44). Andernfalls könnte sie für den Hund zu einem deutlichen Signal werden und bewirken, dass das gewünschte Verhalten nur dann gezeigt wird, wenn die Leine am Halsband hängt.

▶ **Sitz**
Zum Sitzen auf Signal wird der Hund mit Futter in der Hand in die richtige Position geführt, ohne dass dabei mit dem Hund geredet wird. Die dabei ver-

Der Hund folgt der Futterbelohnung ohne den geringsten Zwang in die gewünschte Platzposition.

wendete Handbewegung sollte möglichst immer in gleicher Weise ablaufen. Dabei entwickelt sich die Handbewegung meist schnell zu einem Handsignal, das nach einiger Zeit ganz allein das gewünschte Zielverhalten Sitz auslöst.

Sobald das Handsignal den Hund zuverlässig dazu bringt, sich sofort hinzusetzen, wird das Hörsignal eingeführt: Das Signal ertönt unmittelbar vor dem Handzeichen. Es erfolgt eine Verknüpfung von neuem Signal, Handsignal und Verhalten. Nach einiger Zeit löst das Hörsignal allein das Verhalten aus.

▶ **Platz (aus der Sitzposition)**
Mit dem Training beginnt man erst, wenn das Aus-der-Hand-Füttern (siehe Zurückhaltung bei Futter in der Hand) gut funktioniert. Dazu führt man den Hund mit Futter in der Hand in die erwünschte Liegeposition. Die Handbewegung, die man dabei durchführt, entwickelt sich mit der Zeit zu einem Handsignal. Wenn das Handsignal das Verhalten zuverlässig auslöst, baut man ein Wortsignal auf, indem man es unmittelbar vor dem Handsignal sagt.

Nach genügend Durchläufen bewirkt das Signalwort allein das Verhalten.

▶ **Platz (aus dem Stand)**
Auch damit beginnt man erst, wenn das Aus-der-Hand-Füttern gut funktioniert. Hier führt man den Hund aus dem Stand in die Liegeposition und verfährt ansonsten wie für das Platz aus der Sitzposition.

Die Dauer des Liegens wird in kleinen Schritten verlängert, am besten überprüft man sich dabei mit der Stoppuhr, um nicht zu rasch, nicht zu langsam und nicht zu unregelmäßig voranzugehen. Auch die Ablenkung wird wohldosiert gesteigert.

Es ist sinnvoll, wenn die folgenden Kriterien jeweils als einzelne Verhaltensweisen trainiert werden:

1. Genaue Position beim Liegen
2. Sofort und schnell hinlegen
3. Länger liegen bleiben (bis zum Auflösungswort)
4. In immer größerer Entfernung zum Halter
5. Mit immer größeren Ablenkungen

▶ **Zurückhaltung bei Futter in der Hand**
Das Belohnen wird grundsätzlich erleichtert, wenn ein Hund die Belohnungen so aus der Hand nimmt, dass die Fingerspitzen unverletzt bleiben. Das kann eintrainiert werden, sobald

Ein Futterbissen wird in der offenen Hand präsentiert. Interessiert nähert sich der Hund – die Hand schließt sich. Auch Drängeln, Lecken und Knabbern nützt nichts. Die Hand bleibt geschlossen, das Futter unerreichbar.

ein Hund gelernt hat, ruhig sitzend auf einen Futterbissen aus der Hand zu warten.

Bei einem sehr groben Hund ist es am besten, wenn man zunächst weiterhin Handschuhe anbehält. Man nimmt einen Leckerbissen, zeigt ihn dem Hund und hält ihm den dann in der geschlossenen Hand hin. Er wird diese Hand zunächst beschnüffeln und in unterschiedlichem Ausmaß bedrängen: daran lecken, stupsen, auch an der Hand knabbern. Um möglichst wenig Angriffsfläche zu bieten, sollte man deshalb alle Finger säuberlich in die Hand einschließen.

Irgendwann nimmt der Hund den Kopf von der Hand zurück. In diesem – beim ersten Mal manchmal sehr kurzen Augenblick – sollte man sofort aus der anderen Hand eine bereitgehaltene Belohnung geben.

Belohnt und damit verstärkt wird »Kopf zurücknehmen und aufhören, die Hand zu bedrängen«. Ich setze bewusst noch kein Kommando/Aufforderung/Signal ein. Stattdessen lernt der Hund, selbst eine richtige Entscheidung zu treffen: Er entschließt sich, Ruhe und Zurückhaltung gegenüber einem Futterstück in der Hand zu zeigen. Diese Entscheidung wird belohnt. Auch diese Übung trainiert eine bessere Frustrationskontrolle.

Der Hund trifft die richtige Entscheidung immer schneller, immer häufiger und immer zuverlässiger. Bei ausreichend langem Training wird das Verhalten automatisiert und zur Gewohnheit: Der Hund nähert sich nicht gierig automatisch an die Hand an, die einen Leckerbissen enthält, sondern wartet ab.

Damit das Ganze auch zuverlässig ohne Handschuhe klappt, muss es auch ohne Handschuhe geübt werden. Bei einem sehr gierigen Hund sollte man ohne Handschuhe erst dann trainieren, wenn er zuverlässig abwartet und sich nicht von allein der Hand annähert.
Die Übung muss mit jeder Hand trainiert werden, sonst hält sich der Hund nur bei der »trainierten« Hand zurück, nicht aber bei der anderen.

▶ **Nimm's**
Durch eine an sich kleine Veränderung der Übung »Futter vorsichtig nehmen« entsteht eine neue eigenständige Übung, der Hund lernt das Signal »Nimm's«.

Sobald sicher ist, dass sich der Hund der geschlossenen Hand nicht mehr automatisch annähert, bleibt die Hand offen. Der Leckerbissen liegt bei geöffneter Hand auf der Handfläche. Bei Bedarf, falls der Hund sich annähert, können die Finger über dem Leckerbissen rasch geschlossen werden. Wenn der Hund in Ruhe abwartet, sagt man freundlich: »Nimm's« und lässt den Hund den Leckerbissen von der Handfläche aufnehmen.

Dem Hund signalisiert dieses Wort, dass er etwas, das er aus der Hand nehmen möchte, auch nehmen darf. Gleichzeitig lernen die meisten Hunde, dass »Nimm's« bedeutet, etwas ins Maul zu nehmen. Auf diese Weise wird ein Signal, etwas aufzunehmen, auftrainiert.

▶ **Aus, Gib's her**
Viele Hunde geben Gegenstände, die sie im Maul halten, nicht wieder her. Das kann ein Spielzeug sein, z. B. ein Ball. Der Hund jagt dem geworfenen Ball begeistert hinterher, er nimmt ihn auch gern auf und trägt ihn sogar wieder zum Halter zurück – gibt ihn dann aber nicht ab, sondern hüpft wild damit herum. Wer mit einem solchen Hund Ball spielen möchte, braucht viel Geduld oder mehr als einen Ball.

Lästiger ist es, wenn es sich dabei um Objekte handelt, die der Hund überhaupt nicht haben sollte. Manche Hunde gestalten eine solche Situation zum Fangspiel. Irgendwann lassen sie ihre Beute dann endlich doch fallen oder sich aus dem Maul nehmen. Dabei lernen Hunde jedoch schnell, alle möglichen Gegenstände zielgerichtet als Mittel zum Zweck zu gebrauchen, um ihre Menschen erfolgreich in ein Fangspiel zu verwickeln.

Wirklich problematisch wird es allerdings, wenn Hunde, um im Besitz des erbeuteten Gegenstandes zu bleiben, aggressiv reagieren. Es ist also unerlässlich, dass jeder Hund lernt, etwas, das er im Maul hält, auf Signal abzugeben. Beim Endverhalten kann man zwei Varianten unterscheiden.

Die Belohnung gibt es, sobald der Kopf zurückgezogen wird.

Spiel mit zwei Gegenständen: Max gibt die Fellwurst her ...

VARIANTE 1 ▶ Der Hund lässt das, was er im Maul hat, auf Signal einfach auf den Boden fallen. Dort lässt er es liegen und der Halter kann es aufnehmen, falls er das möchte. Das empfiehlt sich bei Hunden, die aggressiv reagieren, wenn man mit der Hand in die Nähe von Kopf bzw. Maul kommt, oder wenn man nicht weiß, was der Hund im Maul hat.

Zielverhalten 1: Auf Signal Gegenstand aus dem Maul auf den Boden fallen lassen.
Signalwort/Hörzeichen: »Aus«
Vorbereitungen: Mehrere Gegenstände bereitlegen, die der Hund unterschiedlich attraktiv findet. Er sollte alle gern ins Maul nehmen, aber auch nicht allzu große Probleme damit haben, sie wieder loszulassen.

1. Der Hund darf als Erstes den Gegenstand aufnehmen, den er zwar toll, aber von allen vorbereiteten Gegenständen am wenigsten toll findet. Die anderen sind in Reichweite, aber für den Hund nicht sichtbar.

2. Der in der Beliebtheitsskala nächste Gegenstand wird dem Hund gezeigt. Man wartet, bis er den weniger geliebten Gegenstand fallen lässt. In diesem Augenblick wirft man für ihn den attraktiveren Gegenstand – so, dass er hinterherlaufen muss. Das ermöglicht es, den ausgespuckten Gegenstand wieder einzusammeln.

Dieses Training wird erheblich beschleunigt, wenn man mit Clicker arbeitet: Hund hat Gegenstand – er sieht den besseren – er lässt den weniger attraktiven los – *Click* beim Loslassen – als Belohnung kann entweder der attraktivere Gegenstand geworfen werden oder erst eine Futterbelohnung gegeben werden, und danach folgt der zweite Gegenstand. Bei einem Hund, der den weniger attraktiven Gegenstand sofort wieder aufnimmt, kann das eventuell durch eine länger zu kauende Futterbelohnung verhindert werden. Man könnte auch Gegenstände verwenden, die so groß sind, dass sie keinesfalls gleichzeitig ins Maul genommen werden können.

... dafür wirft Franziska das rote Quietschie.

Wenn der Grund für das Horten die große Attraktivität des ersten Gegenstandes ist, muss man noch einmal die Wertigkeit der verwendeten Gegenstände überdenken.

Diese Übung kann einige Male wiederholt werden – so lange, wie es die zur Verfügung stehenden Gegenstände erlauben und der Hund noch mitspielt. Insgesamt muss das Ganze über mehrere Tage, bei manchen Hunden sogar Wochen, trainiert werden, bis der Hund zuverlässig jedes Mal beim Erscheinen des »besseren« Gegenstandes sofort den weniger attraktiven fallen lässt.

Wenn dieser Trainingspunkt erreicht ist, kann das Signalwort eingeführt werden:

1. Der Hund hält den Gegenstand,
2. das Signalwort »Aus« ertönt,
3. sofort anschließend erscheint der attraktivere Gegenstand,
4. der Hund lässt den weniger attraktiven Gegenstand fallen,
5. Click,
6. Belohnung kommt sofort im Anschluss an das Clicken (Belohnung wie gewohnt: Neuer Gegenstand wird geworfen, oder erst Futter, dann neuer Gegenstand).

Nach ausreichend häufiger Wiederholung spuckt der Hund den Gegenstand schon aus, wenn er das Wort hört und bevor er den attraktiveren Gegenstand sieht.

Ab diesem Zeitpunkt verlängert man in kleinen Schritten den Zeitraum zwischen: Gegenstand ist ausgespuckt und liegt am Boden – Belohnung kommt. Dann kann man damit beginnen, den Hund weiter weg vom ausgespuckten Gegenstand zu belohnen, ihn also zur Belohnung vom Gegenstand weg zu rufen. Im weiteren Verlauf kann man damit beginnen, zusammen mit dem Hund von dem am Boden liegenden Gegenstand wegzugehen und die Belohnung erfolgt z. B. in einem anderen Raum.

Auf diese Weise kann ein »Aus«-Signal mit einem Hund trainiert werden, der im Zusammenhang mit Annäherung bzw. Ressourcen Aggression zeigt.

VARIANTE 2 ▶ Der Hund gibt den Gegenstand, z. B. ein Spielzeug, dem Halter direkt in die Hand.

Zielverhalten 2: Auf Signal Gegenstand in die Hand geben.

Hörzeichen: »Gib's her«
Vorbereitungen: Genug attraktive kleine Futterbelohnungen, ein Gegenstand, der für den Hund attraktiv, aber nicht zu attraktiv ist. Er sollte ihn gern ins Maul nehmen, aber keine Probleme damit haben, ihn auch wieder loszulassen.

1. Man nimmt den Gegenstand in die Hand, hält ihn fest und gestattet gleichzeitig dem Hund, den Gegenstand ins Maul zu nehmen und ihn ebenfalls festzuhalten. Sofort hält man mit der anderen Hand dem Hund eine attraktive Belohnung so dicht neben die Nase, dass das Interesse an der Belohnung dazu führt, dass er den Gegenstand loslässt, um die Belohnung zu ergreifen. In dem Augenblick, in dem der Hund den Gegenstand loslässt, wird ein Lobwort gesagt und die Belohnung sofort gegeben.

Zu Beginn dieser Übung hält man den Gegenstand immer fest, er bleibt auch nur ganz kurz im Hundemaul.

2. Das Ganze wird so oft wiederholt, bis der Hund den Gegenstand schon bei der Annäherung der anderen Hand loslässt, weil er die Belohnung erwartet. Dieses Trainingsziel muss nicht an einem Tag erreicht werden!

3. Ab jetzt nähert man die Hand ohne Belohnung an. Wenn der Hund in Erwartung der Belohnung den Gegenstand loslässt, ertönt das Lobwort, gleichzeitig zieht man den Gegenstand ein bisschen weg, holt die Belohnung hervor und gibt sie dem Hund.

4. Das wird so oft wiederholt, bis der Hund zuverlässig bei Annäherung der zweiten Hand, auch wenn diese keine Belohnung hält, den Gegenstand loslässt. Die Hand ist das Signal für Loslassen geworden.

5. Erst ab jetzt lässt man selbst den Gegenstand einen kurzen Augenblick los, so dass der Hund ihn allein festhält, und hält die entsprechende Hand so unter den Gegenstand, dass dieser hineinfällt, sobald der Hund ihn loslässt. Die zweite Hand nähert sich dem Hund – der Hund lässt den Gegenstand in die bereitgehaltene geöffnete Hand fallen, im gleichen Augenblick ertönt das Lobwort und die Belohnung folgt sofort.

Sobald der Hund den Gegenstand festhält, man selbst aber nicht, kann man die Hand, die am Anfang die Belohnung gehalten hat, zum Auffangen des Gegenstands benutzen. Damit entwickelt sich die zum Auffangen des Gegenstands präsentierte Hand zum Handsignal für: »Lege den Gegenstand in meine Hand«. Das Hergeben des Gegenstandes wird weiterhin belohnt.

Um schließlich das Signalwort, z. B. »Gib's her«, aufzubauen, sagt man das

Beide halten die Fellwurst fest.

Wort kurz bevor man dem Hund die geöffnete Hand präsentiert.
▶ Signal »Gib's her«,
▶ sofort anschließend wird die Hand unter das Maul gehalten,
▶ Hund lässt Gegenstand los,
▶ Gegenstand landet in der Hand,
▶ Lob/Click/Belohnung.

Mit der Zeit, wenn der Hund das Signalwort/Hörzeichen und die geöffnete Hand ausreichend oft im richtigen zeitlichen Abstand erlebt hat (siehe klassische Konditionierung, S. 112), wird das Wort das gewünschte Verhalten auslösen. Das Wort wird dabei ruhig und in freundlichem Ton ausgesprochen, nicht streng.

Ein Hund, der beide Verhaltensweisen zuverlässig ausführen soll, muss beide getrennt lernen. Da er die gewünschte Verhaltensweise nur zeigen kann, wenn er auch genau weiß, welche gemeint ist, braucht man für jede der beiden Varianten einen eigenen diskriminativen Stimulus: Es müssen also zwei verschiedene Hörsignale trainiert werden.

▶ **Blickkontakt**

Ein Hund, der gelernt hat, Blickkontakt aufzunehmen und auch länger zu halten, kann leicht lernen, das auf ein Wortsignal hin zu tun. Das erwünschte Verhalten wird am schnellsten gelernt, wenn *immer ein und dasselbe Wort* für diese Handlung verwendet wird. Wie alle Wortsignale sollte das Wort kurz sein und deutlich ausgesprochen werden.

Die ersten Male wird das entsprechende Wort in Situationen, *in denen der Hund garantiert richtig reagieren wird*, ausgesprochen und der Hund sofort für die gewünschte Reaktion belohnt. Damit dieses Signal auch in Situationen funktionieren kann, die sehr aufregend und spannend für den Hund sind, muss es lange genug unter langsam gesteigerten Ablenkungen geübt worden sein.

Wenn diese Reaktion so gut eintrainiert ist, dass ein Hund sie *jederzeit und gern* ausführt, hat man einen zuverlässigen *Unterbrecherreiz für Stressverhalten*, mit dem die Aufmerksamkeit des Hundes gewonnen und anschließend auf andere Dinge gelenkt werden kann. Dazu kann grundsätzlich jedes eintrainierte Signal dienen, vorausgesetzt, der Hund hat das entsprechende Verhalten lange genug geübt.

Das Signal sollte laufend in ganz verschiedenen Situationen *geübt* und sorgfältig durchdacht *eingesetzt* werden. Das vermindert die Entwicklung der folgenden Verhaltenskette: Der Hund zeigt unerwünschtes Verhalten – das Unterbrechersignal kommt – der Hund nimmt Blickkontakt auf und wird dafür belohnt. Das unerwünschte Verhalten wird nicht weniger, sondern stärker und immer öfter gezeigt, weil der Hund so den Unterbrecherreiz auslösen kann, auf den er richtig reagiert und anschließend belohnt wird.

Aber für ein Futterbröckchen lässt Max die Fellwurst los, die er anschließend wieder bekommt.

Max darf das Futter erst von seiner Pfote nehmen, wenn er lange genug Blickkontakt gehalten hat.

SIGNAL FÜR AUFMERKSAMKEIT ▶

Ein gutes Signal ist natürlich der *Name* des Hundes. Viele Hunde reagieren jedoch auf ihren eigenen Namen zu unterschiedlichen Zeiten ganz verschieden. Je nach Situation kann das große Begeisterung sein oder absolute Gleichgültigkeit.

Das liegt einerseits daran, dass in den wenigsten Fällen ein gezieltes Namenstraining durchgeführt wird. Andererseits ist der Name des Hundes manchmal die Ankündigung für etwas Erfreuliches und manchmal auch für etwas Unangenehmes. Das erzeugt zwiespältige Gefühle und hemmt die Entwicklung einer zuverlässig schnellen und freudigen Reaktion auf den Namen.

Daher sollte man den Namen nicht im Zusammenhang mit Schimpfen, Tadel oder gar Strafen benutzen.

WAHL EINES NEUEN NAMENS ▶

Bei Hunden, die schon gelernt haben, auf ihren Namen sehr unzuverlässig zu reagieren, ist oft die beste Lösung, einen ganz neuen Namen gezielt zu trainieren. Damit kann eine bessere Reaktion auf den Namen viel leichter bewirkt werden.

Man wählt einen neuen Namen, den der betreffende Hund bis zu diesem Zeitpunkt noch nie gehört hat. Wenn man einen Kosenamen für den Hund hat, den er immer nur in schönem Zusammenhang erlebt hat, kann auch dieser zum Hauptnamen werden. Die Übungen dazu erfolgen zunächst ausschließlich in der Wohnung.

In einer Situation, in der der Hund in jedem Fall mit Aufmerksamkeit reagieren wird, spricht man mit vergnügter Stimme dicht neben ihm den neuen Namen aus, und der Hund erhält sofort eine ganz tolle Belohnung. Diese Aktion führt man mehrmals über den Tag verteilt durch und macht im Prinzip so weiter wie beim Aufbau des Rückrufsignals.

▶ **Verbotswort**

Menschen gehen davon aus, dass die Bedeutung des Wortes »Nein« auch für Hunde von Anfang an ganz klar ist. Das trifft jedoch leider so nicht zu. Der Hund reagiert nicht auf das Wort, son-

Konzentration, Blickkontakt und Frustrationskontrolle werden trainiert. Diese Übung ist nur für einen Hund geeignet, der in Anwesenheit von Futter gelassen bleibt.

dern unterbricht seine Handlung aufgrund des Schrecks und der im Allgemeinen mit dem Wort verbundenen weiteren Zeichen wie Lautstärke, Mimik und evtl. der schnellen Annäherung des Halters. Diese in vielen Fällen für den Hund bedrohlichen Verhaltensweisen können zu einer Belastung der Beziehung führen, ohne dass das Wort ausreichend zuverlässig funktioniert.

Durch eine geringfügige Veränderung der Übung »Nimm's« kann gezielt ein Signal für »Hör auf mit diesem Verhalten« trainiert werden. Auch diese veränderte Version wird als eigenständige Übung durchgeführt.

Das Wort soll für den Hund nicht ankündigen: Vorsicht, jetzt wird Herrchen oder Frauchen ungemütlich. Es soll für den Hund ein Signal sein, das bedeutet: Du brauchst überhaupt nicht weiterzumachen mit dem, was du gerade tust; es wird sich in keinem Fall lohnen – du wirst keinen Erfolg haben.

Damit hat dieses Wort eigentlich nur Informationscharakter – es muss also weder laut, streng oder gar wütend gesagt werden. Es ist wie ein Schild an einer Ladentür: geschlossen. Derjenige, der eine solche Mitteilung bekommt, wird zuerst frustriert sein und sich ärgern, aber dieses Gefühl verschwindet zunehmend. Er wird stattdessen, sobald das Signal ausreichend trainiert ist, das Verhalten in diesem Augenblick beenden und voraussichtlich auch immer weniger oft zeigen.

Als Signal kann man jedes beliebige Wort wählen. Bei der Auswahl des Wortes sollte man jedoch bedenken:
▶ Worte, die im täglichen Leben andauernd auch in anderem Zusammenhang in Gegenwart des Hundes gebraucht werden, verlieren mit der Zeit ihre Bedeutung für den Hund.
▶ Menschen haben die Neigung, Worte wie »Nein«, »Aus«, »Pfui« und dergleichen unnötig streng oder besonders laut und drohend zu sagen.

Ich selbst benutze unter anderem gern »Fehler« – und informiere so meinen Hund darüber, dass die Verhaltensweise, die er gerade zeigt, keinen Erfolg haben wird. »Fehler« schreit man meist nicht so schnell wütend wie z. B. ein »Aus« oder »Pfui«.

VORGEHENSWEISE ▶ Man präsentiert dem Hund mehrmals hintereinander auf der flachen Handfläche einen Futterbissen und erlaubt ihm, diesen zu nehmen. Nach einigen Malen, wenn er schon den Futterbissen aufnehmen möchte, ertönt das Wort »Fehler« und die Hand schließt sich – der Futterbissen verschwindet und ist nicht mehr zugänglich. Der Hund zieht sich zurück, wird dafür gelobt und erhält sofort aus der anderen Hand eine Belohnung.

Nach ausreichend häufiger Wiederholung führt das Wort allein dazu, dass sich der Hund zurückzieht, selbst wenn die Hand dabei geöffnet ist und der Futterbissen auf der Handfläche präsentiert wird. Gleichzeitig lernt der Hund, dass das Lobwort, das man ausspricht, bevor er die Belohnung aus der *anderen* Hand erhält, zuverlässig Futter ankündigt. Damit wird dieses Wort bei ausreichend häufiger Wiederholung der Übung allein durch den zeitlichen Zusammenhang mit dem Futterbissen ein erlernter Verstärker.

Diese Übung wird zuerst mit der einen, dann mit der anderen Hand durchgeführt, und dann abwechselnd. Die Belohnung erfolgt aus der jeweils anderen Hand. Nur so wird für den Hund schnell deutlich, dass nicht die Hand, die sich schließt, das Signal dafür ist, dass der Futterbissen verschwindet, sondern das Wort.

Sobald der Hund zuverlässig auf das Signal reagiert, wird die Übung weitergeführt. Dazu legt man einen Futterbissen vor sich auf den Fußboden. Wenn das Signalwort ertönt, darf sich der Hund dem Futterbissen nicht weiter nähern. Dafür wird er ausgiebig vom Halter belohnt.

Man muss aber sicherstellen, dass der Hund sich keinesfalls des Futters bemächtigen kann. Wenn man schnell genug ist, kann man gleichzeitig mit dem Wort den Fuß auf das Futter stellen. Andernfalls muss der Hund sicherheitshalber an einer Leine sein. Wenn es dem Hund gelingen sollte, das Futter aufzunehmen, wird man im Training natürlich erheblich zurückgeworfen: Der Hund hat in diesem Fall erstens die Erfahrung gemacht, dass das Wort keine Bedeutung hat, und ist zweitens auch noch belohnt worden.

AUSWEITUNG DER ÜBUNG ▶ Im weiteren Verlauf wird diese Übung auf andere Gegenstände ausgedehnt, z. B. ein Spielzeug. Das sollte natürlich am Anfang nicht allzu verlockend sein, ein Ball darf also zunächst nur daliegen. Als Steigerung wird der Ball gerollt und schließlich geworfen. Danach wird dasselbe mit anderen Spielsachen gemacht.

Anforderungen werden grundsätzlich in kleinen Schritten gesteigert. Der Hund soll die gestellte Aufgabe auch erfolgreich bewältigen und so am Erfolg lernen. Das gilt ebenso für zunehmende Ablenkungen und, wie immer, neue Orte. Schließlich wird die Übung in das weitere Training mit einbezogen und im Zusammenhang mit anderen Aufgaben durchgeführt.

Beim Aufbau eines Verbotswortes wird etwas, das der Hund haben möchte, entfernt. Das bezeichnet man als negative Strafe (siehe S. 126). Die Wirkung einer negativen Strafe auf die Gefühle darf nicht unterschätzt werden. Am Anfang kann es zu starker Frustration, zu Angst und Unsicherheit kommen. Erst nach einigen Durchläufen wird für den Hund klar, dass er

Paco setzt seine Kraft ein, um an die volle Futterdose zu gelangen. Jetzt muss man die Leine ruhig festhalten. Durch das Kopfhalfter wird Pacos Gesicht auf sein Frauchen gewendet. Der Blickkontakt wird belohnt.

durch ein bestimmtes Verhalten zu einem für ihn wünschenswerten Ergebnis kommt. Dadurch gewinnt er wieder ein Gefühl von Kontrolle, und Frustration und Angst verschwinden. Dazu muss diese Übung aber auch wirklich präzise durchgeführt werden.

FISHER DISKS ▶ Auf diesem Prinzip beruht auch die Wirkung der Fisher Disks. Zum Aufbau setzt man sich am besten hin. Der Futterbissen wird nicht wie beim Aufbau des Verbotswortes in der Hand gehalten, sondern auf den Boden gelegt. Der Hund darf mehrmals einen Bissen vom Boden aufnehmen. Nachdem das einige Male durchgeführt wurde, lässt man ganz überraschend die Disks auf den Boden fallen und nimmt sofort den Futterbissen weg. Nach einigen Durchläufen genügt dann das Klappern der Disks, um die Annäherung an den Futterbissen zu unterbrechen. Im weiteren Verlauf werden die Disks eingesetzt, um ein unerwünschtes Verhalten zu unterbrechen. Man sollte zu diesem Aufbau lieber nicht Futter nehmen, das sonst auch für Belohnungen benutzt wird, sondern etwas, was der Hund zwar wirklich sehr gern mag, aber eigentlich nie essen sollte (z. B. Schokolade). Dadurch wäre selbst eine an sich nicht beabsichtigte Verknüpfung mit dem Futter selbst kein Nachteil.

Die Disks sollten so getragen werden, dass sie nicht unbeabsichtigt klappern können. Sie dienen nicht dazu, dass man sie nach dem Hund wirft. Bei richtigem Aufbau genügt ein Klappern in der Hand. Die Disks bieten den Vorteil, dass das Geräusch ungewöhnlich ist und im normalen Alltagsleben nicht auftaucht. Beim Aufbau wird hier neben der Frustration auch eine bei manchen Hunden sehr starke Schreckwirkung genutzt. Aus diesem Grund sollten Fisher Disks mit Vorsicht eingesetzt werden. Ich selbst verwende sie kaum.

Ronja frisst sehr unzuverlässig und ohne Begeisterung – und nicht aus der Hand. Das schränkt die Trainingsmöglichkeiten ein, da Jagdspiele in manchen Situationen nicht als Belohnung eingesetzt werden können.

Fallbeispiel Tom

▶ **Aufbau der Therapie**

Der auf die Diagnose als nächstes zu erfolgende Schritt bei der Behandlung unerwünschten Verhaltens ist das Erstellen eines *strukturierten* Therapieplanes. Dieser besteht aus einem Gesamtkonzept, welches in einzelne Trainingseinheiten untergliedert ist, die wiederum die einzelnen Übungen beinhalten. Auch für die einzelnen Trainingseinheiten sollten Ziele definiert werden. Jede sollte auf den aktuellen Stand des Hundes zugeschnitten und strukturiert aufgebaut werden.

Das beinhaltet klare Vorstellungen darüber, welche Übungen durchgeführt werden sollen und in welcher Reihenfolge. Eine bestimmte Reihenfolge kann Lernen erleichtern und manche Übungen passen besser zusammen als andere. Folgende Überlegungen sollten beachtet werden:

▶ Müssen spezielle Vorbereitungen getroffen werden, um eine für die geplanten Übungen optimale Situation zu schaffen?
▶ Welche Anforderungen können erhöht werden und in welchem Ausmaß? Weder Hund noch Halter sollen überfordert werden. Das Ausbildungsstadium des Hundes hat Auswirkungen auf die Konzentrationsfähigkeit des Hundes und die Wahl der einzelnen Übungen.
▶ Wie lange darf die Trainingseinheit überhaupt andauern? Häufige kurze Trainingseinheiten sind eher zu empfehlen.
▶ Welche Entspannungsmöglichkeiten bieten sich zwischendurch an?

ZIELVORGABEN ▶ Man muss sich schon vorher Gedanken darüber machen, womit ein bestimmter Hund am besten belohnt wird, weil es sich ganz nach den geplanten Übungen richten kann, was als Belohnung empfunden wird.

Es sollte also einerseits schon im voraus Klarheit über das Ziel, die Inhalte und den Verlauf einer Trainingseinheit bestehen. Andererseits muss man flexibel auf einen kreativen Hund reagieren können und darauf vorbereitet sein, bei Bedarf schneller als geplant voranzugehen.

▶ **Therapieplan von »Tom«**

Als Erstes erfolgt eine genaue Zieldefinition. Anschließend wird die Reihenfolge für die einzelnen Trainingsschritte erarbeitet. Sie wird individuell an das Problemverhalten angepasst. Manches baut aufeinander auf, d. h. der Hund muss erst etwas zufrieden stellend beherrschen, bevor zum nächsten Schritt übergegangen werden kann. In diesem Fall werden zeitliche Abläufe durch das Training selbst vorgegeben. Anderes kann parallel trainiert werden. Dabei kann also innerhalb des gleichen Zeitraumes an verschiedenen Dingen in kurzen, voneinander getrennten und über den Tag verteilten einzelnen Trainingseinheiten gearbeitet werden.

THERAPIEZIELE ▶ Aus der Diagnose des geschilderten Falles von Tom ergibt sich eine Reihe von Zielen. Geändert werden soll
1. aggressives Verhalten gegenüber Familienmitgliedern,
2. aggressives Verhalten gegenüber unbekannten Menschen,
3. aggressives Verhalten gegenüber anderen Hunden,
4. das Jagdverhalten.

Die Auflistung macht deutlich, dass die aufgelisteten Verhaltensweisen unterschiedlich belastend für das Zusammenleben von Tom und seiner Familie sein müssen. Grundsätzlich richtet sich die Reihenfolge, in der die einzelnen Ziele in Angriff genommen werden, nach dem Bedarf des Halters.

Über die Verknüpfung »schnelle Bewegung/Jagdspiel + auffallendes Gefäß + Futtergeräusch + Fressen«, gewinnt Ronja Freude am Fressen und kann auch durch Futter belohnt werden.

GEWICHTUNG DER ZIELE ▶ Der erste und wichtigste Schritt bei jedem Problemverhalten besteht darin, dass der Halter genug Einfluss auf seinen Hund gewinnt, um dessen Verhalten zu beeinflussen. Daher muss *in jedem Fall* zunächst das Verhältnis zwischen Hund und Halter stimmen und bei Bedarf entsprechend verändert werden. Das gilt natürlich ganz besonders bei aggressivem Verhalten in der Familie.

Es gibt Hundehalter, für die es erträglicher ist, wenn sie von ihrem eigenen Hund gebissen werden, als wenn dieser sich gegenüber fremden Menschen aggressiv gebärdet. Daher wollen sie als Erstes, dass ihr Hund sich gegenüber anderen Menschen anders verhält. Aber auch in diesem Fall muss erst das »Innenverhältnis« geordnet werden.

Zieldefinition in unserem Fallbeispiel war: Tom soll die Annäherung der einzelnen Familienmitglieder ohne aggressive Reaktion ertragen bzw. sogar genießen. Die anderen Probleme werden dann anschließend in Angriff genommen. Bis dahin muss Tom von fremden Menschen, Hunden und Jagdbarem entfernt gehalten werden, u. a. mittels einer Leine.

MANAGEMENTMASSNAHMEN ▶ Die ersten Maßnahmen, die bei Tom eingesetzt werden, umfassen den Verzicht auf Strafen, und, sobald wie möglich, das Training eines sicheren Platzes sowie ein Maulkorbtraining. Im innerfamiliären Umgang werden die menschlichen Verhaltensweisen, die unerwünschtes Verhalten bei Tom ausgelöst haben, vermieden. Das umfasst als bedrohlich empfundene Körpersprache, wie sich über Tom beugen oder ihn von oben anfassen, schnelle und/ oder zu dichte Annäherung, insbesondere durch den Vater, und gilt auch für Schimpfen und Leinenruck.

Ab sofort gehen alle Familienmitglieder, um Tom zu streicheln, seitlich ohne direkten Blickkontakt neben ihm in die Hocke und kraulen ihn nur im Bereich der Vorderbrust – das hat er bisher auch schon zugelassen. Das Aufstehen erfolgt von Tom weggerichtet.

Zum Spazierengehen wird Tom von jetzt an nicht mehr im engen Flur, sondern im Wohnzimmer angeleint. Auch dazu geht man in die Hocke und befestigt die Leine von vorn am Halsband, unter dem Kinn.

Die Umstrukturierung der Beziehungen innerhalb der Familie beginnt sofort. Tom erhält sein Futter nicht mehr aus dem Futternapf, sondern wird bis auf weiteres über den Tag verteilt aus der Hand gefüttert. Da er ein kleiner Hund ist, geht dazu jeder zunächst ebenfalls in die Hocke. Auch hier ist am Anfang eine eher seitliche Position vorzuziehen, aus der man erst im Lauf der Zeit in eine frontale Position übergeht. Daraus entwickelt sich dann langsam ein seitliches Stehen. Im weiteren Verlauf kann man sich dann aus dieser Position immer weiter zu Tom drehen, bis man frontal vor ihm steht und sich schließlich zum Füttern über ihn beugen kann, ohne dass er Anzeichen von Unsicherheit zeigt.

Sobald das überall im Haus klappt, beginnt man mit dem Aufbau eines neuen *instrumentell konditionierten Rückrufs*. Zusätzlich wird nach und nach das Training für *Blickkontakt* eingeführt. Als sicherer Platz wäre für Tom ein Laufstall gut geeignet. Er kann lernen, bei Bedarf selbst hinein- und herauszuspringen, z. B. wenn Caroline Freunde zu Besuch hat.

Sobald Tom Blickkontakt eine Weile aushalten kann und nicht mehr als unangenehm empfindet, kann mit dem Training für *Blickkontakt auf Aufforderung* begonnen werden.

Das Füttern aus der Hand war unter anderem eine Vorbereitung für Desensibilisierung und Gegenkonditionierung. Das wird jetzt innerhalb der Familie weitergeführt und zwar als Erstes in Bezug auf Berührungen durch die Hauptbezugsperson, die Mutter.

Die Nähe wird für Max aus zwei Gründen erträglich: Der Blick wird abgewendet und er bekommt Futter.

Auch beim Auflösen einer solchen Situation sollte der Blick abgewendet bleiben.

▶ **Wichtig**

Die Übungen können am gleichen Tag, aber in getrennten Trainingseinheiten gearbeitet werden. Es ist wichtig, weder sich selbst noch den Hund unter Druck zu setzen. Eine solide Grundlage braucht einfach ihre Zeit. Bei zu großem Erfolgsdruck und zu schnellem Vorgehen bricht häufig plötzlich alles zusammen.

Hier wird der Blick zwar abgewendet, aber die Berührung ist für Bödzi nicht angenehm. Das zeigt seine Körpersprache deutlich.

Die abgewendete Haltung in der Hocke, der Blick in die andere Richtung ermöglichen Paxo eine angstfreie Annäherung an einen unbekannten Mann.

Das Kopfhalfter erlaubt eine gute Kontrolle.

Zum Glück findet Paco das Futter so interessant, dass er den intensiven Blick gar nicht bemerkt.

Er führt sogar das Hörsignal »Sitz« für einen neuen Menschen aus – wenn auch nicht so perfekt, wie er es eigentlich könnte.

▶ Gegenkonditionierung von Berührungen

- ▶ Kurze Sitzungen.
- ▶ Überforderung durch Dauer oder körperliche Nähe vermeiden.
- ▶ Berührungen ausgehend von der Brust in kleinen Schritten in Richtung seitlicher Brustkorb und an den Vorderbeinen hinab und von hier ausgehend dann weiter über den ganzen Körper.
- ▶ Bezugsperson hockt oder sitzt auf dem Boden.
- ▶ Berührungsdauer langsam ausdehnend. Beispiel: Die Berührung, die schon gut geht, zeitlich ein bisschen ausdehnen, ein kleines Stückchen örtlich weitergehen, wieder zurück an die Stelle, die schon besser geht, und dann aufhören.

Abwehr im Verlauf dieser Übungen wäre ein Zeichen dafür, dass Tom überfordert ist. Entweder war die Sitzung insgesamt zu lang, oder aber eine bestimmte Berührung hat zu lange gedauert. Es könnte auch sein, dass man zu schnell einen neuen Bereich in die Berührung miteinbezogen hat.

SCHRITTWEISEN AUFBAU BESPRECHEN ▶ Sobald Tom sich überall von der Hundehalterin entspannt berühren lässt, können dieselben Übungen von Tochter Caroline unter Anleitung von ihrer Mutter durchgeführt werden. Hier ist anfänglich darauf zu achten, wie gut Tom die Enge aushält, die durch zwei um ihn herumsitzende Personen entsteht. Bei den Übungen muss das je nach Bedarf entsprechend berücksichtigt werden.

Der Vater, der an Tom nicht so viel Interesse hat, sollte ihn, während Caroline und ihre Mutter schon an diesen Übungen arbeiten, in jedem Fall weiterhin möglichst oft aus der Hand füttern. Wenn Tom Berührungen von Mutter und Tochter entspannt über sich ergehen lässt oder sogar genießen gelernt hat, sollte überprüft werden, ob und auf welche speziellen Körperbewegungen des Vaters Tom mit Unsicherheit reagiert. Bei dieser Überprüfung sind schon kleinste Anzeichen von Unsicherheit wichtig, volle Reaktionen müssen nicht unbedingt ausgelöst werden. Alle auf diese Weise beim Vater gefundenen Auslöser sollten nun ebenfalls der Reihe nach gegenkonditioniert werden.

▶ **Auslastung von Tom**

Da Tom sowohl ein Hund-Hund-Problem hat als auch eins mit unbekannten Menschen, besonders Kindern, kann er leider in der Stadt im Park nicht frei laufen. Auch in Gebieten, wo keine anderen Hunde und Menschen sind, nämlich auf dem Land, darf er sich nicht frei bewegen, weil er jagen und einem Rückruf nicht zuverlässig Folge leisten würde. Das führt natürlich dazu, dass er unausgelastet und frustriert wird.

Gezielte und vergnügliche Trainingsarbeit in Haus und Wohnung kann Tom bis zu einem gewissen Maß auslasten. Aber auch schon zu Beginn einer Verhaltenstherapie können bestimmte Spiele hilfreich eingesetzt werden. Mit einem Hund, der überhaupt noch nichts kann, wären Ballspielen an der langen Leine mit zwei Bällen sowie Suchspiele in der Wohnung möglich. Wer einen Garten hat, sollte diesen erheblichen Vorteil natürlich ausgiebig nutzen.

BALLSPIEL MIT ZWEI BÄLLEN ▶ Es werden zwei gleiche Bälle verwendet, die abwechselnd geworfen werden. Beide Bälle sollen für den Hund gleichwertig sein. Wenn er einen lieber mag, funktioniert das Spiel möglicherweise nicht ohne vorher ein Signal zum Hergeben zu trainieren. Die Leine sollte lang genug sein, damit der Hund bequem den geworfenen Ball erreichen kann.

Der erste Ball wird geworfen. Sobald der Hund mit diesem Ball im Maul wieder zum Halter zurückkommt, wartet man, bis er den Ball ausspuckt und wirft dann *sofort* den zweiten Ball = die Belohnung für das Ausspucken. Während der Hund den zweiten Ball verfolgt, ist ausreichend Zeit, den ersten Ball wieder aufzuheben und erneut zu werfen, wenn der Hund wieder da ist.

Das Spiel sollte beendet werden, *bevor* der Hund keine Lust mehr hat. Es genügt, mit Werfen aufzuhören. Wenn der Hund den Ball eine Weile weitertragen möchte, so ist das auch in Ordnung.

Wenn der Hund zuverlässig bei der Ankunft beim Halter den Ball ausspuckt, kann hier das Training eines Signalwortes eingebaut werden (siehe S. 87). Dazu wird das betreffende Wort deutlich, ruhig und freundlich in dem Augenblick ausgesprochen, in dem der Hund den Ball fallen lässt. Der *sofort darauffolgende* Wurf des anderen Balles ist die Belohnung für das Ballausspucken, das in diesem Augenblick gewünschte Verhalten. Bei ausreichend häufiger Durchführung dieses Vorganges wird das Signalwort erlernt. Es sollte ein bisher dem Hund unbekanntes Wort gewählt werden.

SUCHSPIEL IN DER WOHNUNG ▶
Suchen kann auch in einer kleinen Wohnung durchgeführt werden, macht Hunden Spaß und ist eine sehr energiezehrende Tätigkeit. Es kann im weiteren Verlauf in den Garten und auf den Spaziergang verlegt werden.

Zuerst muss der Hund das Spiel lernen. Dazu wird er angebunden. Dann nimmt man ein interessantes Futterhäppchen für den Hund deutlich sichtbar in die Hand und legt es ein paar Schritte entfernt an eine Stelle, die der Hund von da aus, wo er ist, ebenfalls gut sehen kann. Mit einem Spielzeug sollte dieses Spiel nur dann durchgeführt werden, wenn der betreffende Hund es auch gern hergibt.

Anschließend geht man zum Hund zurück, und, bevor man ihn von der Leine löst, sagt man deutlich das Signalwort, das in Zukunft immer dieses Spiel einleiten soll, z. B. »Such«. Der Hund wird auf den Leckerbissen losstürzen und ihn begeistert fressen. Durch entsprechende eigene Reaktionen, z. B. Lobesworte oder auch Lachen, sollte man im gleichen Augenblick die eigene Freude deutlich zum Ausdruck bringen.

Diesen Vorgang wiederholt man mehrmals und legt dabei den Leckerbissen an immer andere Stellen. Dabei sollte der Hund aber immer noch von da, wo er ist, gut beobachten können, was man tut. Erst nach einigen Durchläufen legt man etwas darüber, aber auch jetzt ruhig noch in Sichtweite des Hundes.

Nach und nach erschwert man dann die Übung. Dabei ist es manchmal nicht so leicht, hier hundegerecht vorzugehen. Für einen Hund muss etwas, was einem Mensch ganz leicht erscheint, gar nicht leicht sein, und umgekehrt.

▶ Arbeit mit dem Clicker

Bei Tom werden anfangs ausschließlich Übungen ohne direkte körperliche Berührungen eingesetzt. Vorausgesetzt, ein Hund hat keine Probleme mit Geräuschen, lohnt sich in derartigen Fällen die Einführung von Clickertraining ganz besonders. Das kann gleich zu Beginn der Verhaltenstherapie erfolgen und das Erlernen aller anderen erwünschten Verhaltensweisen ganz erheblich beschleunigen. Auch ein Hund, der keinerlei Interesse an Spielzeug hat, kann mittels Clickertraining daran sehr schnell Freude gewinnen.

▶ Übungen, die Berührungen zulassen müssen

Sobald Tom bei Berührungen im Kopf- und Nackenbereich entspannt bleibt, kann man in die Übungen einsteigen, für die eine gefahrlose Annäherung an

Kopf und Maul Voraussetzung sind. Das gilt für die Gewöhnung an Maulkorb und Kopfhalfter und den Aufbau der Signale »Sitz« und »Platz«, die beide mit Futter durchgeführt werden sollten und nicht mit körperlichen Hilfen. Dazu gehört auch Bringseltraining, wenn es ohne Clicker durchgeführt wird, und das Signal »Aus« = Gegenstand in die Hand geben.

INTERAKTIVE SPIELE ▶ An diesen kann ab dem Augenblick gearbeitet werden, wenn Tom Gegenstände auf Signal gern hergibt. Dann können auch Zerrspiele entwickelt werden, die die Voraussetzung zum Aufbau eines klassisch konditionierten Rückrufs bilden.

VERBOTSWORT ▶ Ein Verbotswort sollte erst dann aufgebaut werden, wenn das Verhältnis von Tom zu seiner Familie wieder belastbarer ist. Bei Unterstützung durch eine fachkundige Hilfsperson kann die Frustration bei diesem Training auf die Hilfsperson übertragen werden. Dann kann die Hauptbezugsperson Entspannung und Erleichterung anbieten. Das ermöglicht den früheren Aufbau eines Verbotswortes.

▶ Problembewältigung außerhalb der Familie

Sobald Tom nicht nur gern Blickkontakt aufnimmt, sondern auch gut an das Tragen des Kopfhalfters gewöhnt ist, werden die unerwünschten Verhaltensweisen gegenüber der Umwelt der Reihe nach in Angriff genommen und abgearbeitet. Die Reihenfolge richtet sich nach den Bedürfnissen des Halters.

Die Vorgehensweise und die eingesetzten Maßnahmen werden nachfolgend tabellarisch aufgeführt.

1 Bödzi erlebt sein erstes Suchspiel. Zuerst darf er an dem interessanten Futterstückchen schnuppern.

2/3 Da Erfolg am Anfang die Grundlage für eine gute Motivation ist, wird Bödzi zwar an der Leine festgehalten, darf aber zusehen, wo das Futterbröckchen hingelegt wird.

4/5 Er findet es natürlich gleich und darf es auch sofort fressen.

Nach einigen Durchgängen weiß er, um was es geht. Jetzt kann man mit einfachen Verstecken weiter machen.

Aggression gegenüber unbekannten Menschen

Aktion	Erläuterung/Beispiele
Abstellen aller Strafen	Auf keinen Fall: Schnauzengriff, Leinenruck, Schimpfen, Schütteln am Nackenfell, Alpharolle usw.
Nie mit Kindern allein lassen	Maulkorb, sicherer Platz
Abwenden mittels Kopfhalfter	bei Annäherung und Ansehen durch fremde Menschen
Bringsel trainieren	siehe S. 81
Gegenkonditionieren (Sicherheitshalber anfänglich mit Maulkorb)	Ansehen, Ansprechen, Annäherung, als bedrohlich empfundene menschliche Körpersprache, zur Berührung ausgestreckte Hand, Berührung, Anwesenheit von Kindern, Leinenruck
Desensibilisierung	siehe S. 51
Rückruf trainieren	siehe S. 82 und 84

Aggression gegen andere Hunde

Aktion	Erläuterung/Beispiele
Abstellen aller Strafen	Auf keinen Fall: Schnauzengriff, Leinenruck, Schimpfen, Schütteln am Nackenfell, Alpharolle usw.
Abwenden mittels Kopfhalfter	bei Annäherung von Hunden
Bringsel trainieren	siehe S. 81
Gegenkonditionieren (Sicherheitshalber anfänglich mit Maulkorb)	Annäherung und Anwesenheit anderer Hunde, evtl. Bellen
Desensibilisierung	siehe S. 51
Rückruf trainieren	siehe S. 82 und 84

Eine mögliche Beute wird fixiert – die Leine verhindert die Annäherung.

JAGDVERHALTEN ▶ Um Jagdverhalten unter Kontrolle zu bekommen, muss jede Möglichkeit dazu ausgeschlossen werden. Auch die dazugehörigen Gefühle sollten, so weit wie möglich, nicht ausgelöst werden. Der Hund sollte also erst gar nicht in entsprechende Situationen kommen. Da Jagdverhalten u. a. durch schnelle Bewegung ausgelöst wird, kann es sein, dass neben Katzen, allen Arten von Wild und landwirtschaftlichen Nutztieren auch Jogger, Radler, laufende Kinder und alle möglichen Fahrzeuge vermieden werden sollten. Wo das nicht geht, kommt die Leine zum Einsatz.

Der Anblick der Beute löst das gut eingeübte Umwenden zum Halter aus.

Gearbeitet wird einerseits an erwünschten abrufbaren Verhaltensweisen wie »Fuß«, »Platz« und sowohl einem klassisch wie einem instrumentell konditionierten Rückruf. Außerdem wird das Abwenden von Jagdauslösern eintrainiert. Beim Einsatz einer Schleppleine ist darauf zu achten, dass sie auch wieder sorgfältig abtrainiert wird.

Es folgt die Rückkehr zum Halter, Vorsitzen – und die Belohnung.

Der Einsatz von Strafen bzw. erlernter Vermeidung ist meist eher kontraproduktiv (siehe S. 125). Derartige Maßnahmen dürfen erst dann angewendet werden, wenn erwünschte Verhaltensweisen in ausreichendem Maß aufgebaut sind, um dem Hund als Wahlmöglichkeit zur Verfügung zu stehen.

Die »Alpharolle« ist ebenso wie das Festhalten an der Halskrause mit gleichzeitigem Drohfixieren wenig geeignet, um das Verhältnis zwischen Hund und Halter zu verbessern. Außerdem besteht dabei für den Hundehalter ein hohes Risiko, verletzt zu werden.

Hund-Hund-Aggression innerhalb der Familie

Frühe Signale, die anzeigen, dass Hunde innerhalb einer Familie miteinander Probleme haben, können so unauffällig sein, dass sie von den Haltern nicht wahrgenommen werden. Oft aber werden solche Signale auch einfach nicht ernst genommen, weil sie so »harmlos« aussehen.

Wenn es dann erst einmal tatsächlich zu ernsthaften Auseinandersetzungen gekommen ist, ist es häufig sehr schwer und manchmal unmöglich, ein friedliches, stressfreies Zusammenleben wieder herzustellen.

▸ **Kastration**
Zunächst müssen auch hier die zugrunde liegenden Ursachen geklärt werden. Von einer hormonellen Grundlage ist auszugehen, wenn erwachsene Hündinnen, die nicht kastriert sind, je nach Zyklusstand nicht miteinander auskommen. Das kann schon Wochen vor der zu erwartenden Läufigkeit sein und sich bis weit in die Phase der Scheinträchtigkeit ziehen. Es kann jedoch auch auf eine ganz kurze Phase während der Läufigkeit beschränkt sein.

Eine Kastration der Hündin, die Aggression zeigt, aber noch besser beider Tiere, kann die Situation bereinigen. Wenn es allerdings schon aufgrund lange schwelender Streitigkeiten zu einer ernsthaften Feindschaft gekommen ist, bleibt häufig nur die Möglichkeit, die beiden auf Dauer zu trennen. Ein Platzwechsel wäre in diesem Fall das Beste, weil auch ein getrenntes Zusammenleben unter einem Dach für beide Hündinnen massiven Stress bedeuten würde.

Auch bei zwei unkastrierten Rüden kann eine Änderung der hormonellen Situation eine Besserung bewirken. Durch die *Kastration des Rangniederen* kann der Aufbau einer klaren Rangordnung erleichtert werden.

Es ist jedoch leider häufig nicht ganz leicht, einwandfrei festzustellen, welcher das ist. Verwirrung kann entstehen, wenn z. B. einer kein großes Interesse an Futter hat und es daher immer dem anderen überlässt. Das erweckt den Eindruck, er wäre der Rangniedere.

Um hier sicherzugehen, muss genau beobachtet werden, wer wann was bekommen, behalten oder tun darf. Ranghoch ist derjenige, der das, was er haben oder tun will, in dem Augenblick haben oder tun kann, wenn er es will.

Unklarheiten in der Rangordnung werden sehr häufig durch den Einfluss des Halters ermöglicht oder sogar verursacht. Auch hier ist es möglich, durch die beschriebenen Maßnahmen (siehe S. 79) eine gewaltfreie Rangeinweisung und Umstrukturierung zu bewirken.

Hund–Hund Aggression innerhalb der Familie

Aktion	Erläuterung/Beispiele
Umstrukturierung der Beziehung durch Ressourcenkontrolle	Aus der Hand füttern, Zuwendung und Spiele nur nach Aufforderung durch den Halter, gewaltfreie Rangeinweisung.
Abstellen aller Strafen	Schnauzengriff, Leinenruck, Schimpfen, Schütteln am Nackenfell, Alpharolle usw. vermeiden.
Auslöser vermeiden	Ressourcen, um die gestritten werden kann, nicht herumliegen lassen; Begegnungen an Engpässen vermeiden; Ressource »Zuwendung« so gestalten, dass keine Aggression ausgelöst wird.
Erwünschtes Verhalten trainieren	Sicheres »Sitz« und »Platz« ohne Zwang einüben, zunächst in Abwesenheit des anderen Hundes.
Entspannungssignale	siehe S. 64
Sicherer Lagerplatz	siehe S. 49
Abwenden mittels Kopfhalfter	Lernen, beim Anblick des anderen Hundes den Kopf abzuwenden.
Gegenkonditionieren und Desensibilisieren, in der Wohnung; bei Bedarf beide Hunde anbinden bzw. mit Maulkorb	Anwesenheit des anderen Hundes angenehm machen, z. B. ▶ beide Hunde in *ausreichender* Entfernung voneinander anbinden und etwas ganz besonders Gutes zu Fressen geben, was es nur in Anwesenheit des anderen Hundes gibt. ▶ wenn mehr als eine Person mitarbeiten kann: Zuwendung in Form von Training in ausreichender Entfernung voneinander.
Kastration	siehe S. 106

Grundlagen des Lernens

109	▶	Lernen und individuelle Fitness	112	▶	Klassische Konditionierung
111	▶	Gewöhnung und Sensibilisierung	119	▶	Instrumentelle Konditionierung
			125	▶	Strafe und Vermeidung
			135	▶	Flooding

Lernen und individuelle Fitness

Das letzte Kapitel soll dem interessierten Hundehalter einen Überblick über die dem Lernen zugrunde liegenden Prinzipien ermöglichen. Mit diesen Grundlagen können die Lernanteile herausgearbeitet werden, die zur Entwicklung *eines beliebigen unerwünschten Verhaltens* beigetragen haben. Das erlaubt es, die entsprechenden Punkte im Einzelnen zu ändern und gezielt sinnvolle, erwünschte Verhaltensweisen aufzubauen. Der Hundehalter kann dadurch die von mir aufgeführten Beispiele ganz individuell an seinen eigenen Bedarf anpassen und eigene Vorgehensweisen entwickeln.

> **Wichtig**
>
> Das Ziel jedes einzelnen Lebewesens besteht darin, biologisch erfolgreich zu sein, d. h. zu überleben und sich fortzupflanzen. Ein Lebewesen ist biologisch umso erfolgreicher, je höher die Anzahl der eigenen Nachkommen ist. Man bezeichnet das Maß des Erfolges, also den Anteil eigener Gene am Genpool der folgenden Generation, als **individuelle Fitness**.

▶ **Angeborene und erlernte Verhaltensweisen**

Grundsätzlich dient jedes Verhalten einem Ziel: Individuelle Fitness und biologische Erfolg sollen gesteigert und der *in diesem Augenblick beste Zustand* für den Organismus hergestellt werden. Jedem Verhalten, sei das Nahrungsaufnahme oder Suche nach einem bestmöglichen Lagerplatz, Verteidigung eines Territoriums oder Fellpflege, liegt als Antrieb die Steigerung der individuellen Fitness zugrunde.

Das betrifft einfache Reflexe wie z. B. den Lidschlag, der für die Funktion des Auges erforderlich ist, bis hin zu komplexen Verhaltensketten, wie es das Verfolgen einer Beute ist. Die erforderlichen Verhaltensweisen können angeboren oder erlernt sein oder aber Anteile von beidem enthalten. Angeborene Verhaltensweisen sind vorgegeben, d. h. der Betreffende hat keine Wahlmöglichkeit, ob er dieses Verhalten unterlassen oder ausüben möchte. So löst z. B. der angeborene Reflex des Speichelns beim Anblick bzw. Geruch von Futter automatisch Speichelfluss aus. Eingespeicheltes Futter kann besser verdaut werden, es erfolgt eine bessere Auswertung der Nahrung und so letztendlich eine Steigerung der Wahrscheinlichkeit des Überlebens und damit der individuellen Fitness. Speicheln kann nicht unterdrückt werden.

110　GRUNDLAGEN DES LERNENS

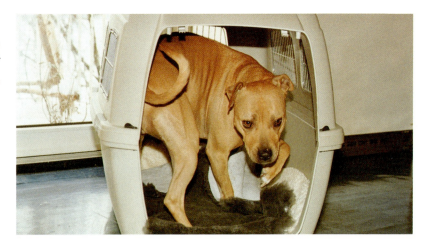

Ronja dient ihr Kennel als Rückzugsort. Hier fühlt sie sich sicher und ist ungestört. Sie hat dabei auch gar nichts dagegen, wenn die Tür geschlossen wird.

ANPASSUNGSFÄHIGKEIT ▸ Ein Lebewesen ist jedoch anpassungsfähiger, wenn nicht Verhaltensweisen angeboren sind, die immer gleich ablaufen, sondern wenn Wahlmöglichkeiten bestehen. Eine *optimale* Anpassung an die Umwelt kann dann erfolgen, wenn das Verhalten an unterschiedliche Gegebenheiten angepasst werden kann.

Wenn an Stelle von fertigen und unveränderlichen Verhaltensweisen die *Fähigkeit, das Erforderliche zu lernen*, angeboren ist, sind die unterschiedlichsten Verhaltensstrategien zur erfolgreichen Bewältigung aller möglichen Situationen denkbar.

▸ **Biologie des Lernens**

Lernen ist an die organischen Strukturen von Sinnesorganen, Nerven und Gehirn gebunden.
▸ Der Organismus empfängt Information/Signale über die Sinnesorgane, es erfolgt eine Weiterleitung über die Nerven – zumeist an das Gehirn. Hier werden die Informationen verarbeitet und die erforderlichen Reaktionen ausgelöst, deren Ziel in einer Optimierung des augenblicklichen Zustandes besteht.
▸ Äußerlich sichtbare Anpassungen bezeichnet man als Verhalten. Lernen wird nur dann sichtbar, wenn als Folge von Ereignissen eine Änderung am Verhalten des Organismus beobachtet oder gemessen werden kann.
▸ Lernen, d. h. Erfahrungen verursachen eine Änderung auf neuronaler Ebene: Die Nervenzellen verändern sich und es erfolgt eine Änderung des Verhaltens.
▸ Lernen ist als biologischer Vorgang bestimmten Regeln unterworfen und findet immer statt, 24 Stunden am Tag.

▸ **Mechanismen des Lernens**

Jede Tierart kann nur die Verhaltensweisen lernen, zu denen sie anatomisch in der Lage ist, und verschiedene Tierarten brauchen unterschiedliche Fähigkeiten, um ihr Leben zu meistern. Daher sind die einzelnen Tierarten genetisch darauf vorbereitet, bestimmte Dinge schneller bzw. leichter zu lernen (Preparedness). Die eigentlichen Lernmechanismen sind jedoch grundsätzlich dieselben. Hinweise auf die dem Lernen zugrunde liegenden Regeln gibt zum einen *die Beobachtung* von Menschen und Tieren. Vieles wurde durch Zufallsbefunde bei Hirnverletzungen bei Menschen herausgefunden.

Bei Tierversuchen kann eine kontrollierte Versuchsanordnung hergestellt werden. Je vereinfachter das ganze System gestaltet werden kann, desto besser können grundlegende Prinzipien herausgefunden werden. Versuche bei Menschen sind aus moralischen und praktischen Gründen nur begrenzt und mit Einwilligung der Betreffenden durchführbar. Es muss außerdem auch immer wieder überprüft werden, inwieweit Erkenntnisse von einer Tierart auf eine andere, bzw. auf den Menschen und umgekehrt, übertragen werden können.

Anatomische Untersuchungen von Nervensystem und Gehirn bei Tieren und Menschen liefern ebenfalls Erkenntnisse. Bei funktionellen Untersuchungen am lebenden Organismus müssen Tierschutz, Ethik und Moral berücksichtigt werden.

Heute können mit Hilfe der zur Verfügung stehenden technischen Möglichkeiten Untersuchungen am lebenden Gehirn durchgeführt werden. Der in aktiven Gehirnbereichen gesteigerte Stoffwechsel kann mittels moderner Untersuchungstechniken nachgewiesen und gemessen werden. Neue Erkenntnisse sind also jederzeit möglich.

Der folgende Überblick über Lernvorgänge ist eine vereinfachte Darstellung. Die klare Unterteilung der einzelnen Prozesse dient dem besseren Verständnis. Im »wirklichen Leben« laufen diese Prozesse jedoch nicht säuberlich getrennt voneinander ab, sondern sind eng miteinander verquickt. Sie können sich gegenseitig unterstützen und verstärken oder aber auch behindern.

Gewöhnung und Sensibilisierung

Für Mensch und Tier gilt: Derjenige, der Zusammenhänge erkennen kann, findet sich im Leben besser zurecht. Wer weiß, dass es zu bestimmten Zeiten an bestimmten Orten etwas zu essen gibt, kann beizeiten an Ort und Stelle erscheinen. Jemand, der erkannt hat, dass ein bestimmter Geruch Gefahr bedeutet, kann sich rechtzeitig aus dem Staub machen. Wenn man gelernt hat, dass ein bestimmtes Geräusch keine Gefahr ankündigt, braucht man nicht wegzulaufen.

▶ **Gewöhnung (Habituation)**

Es ist für ein Lebewesen überlebenswichtig und daher sinnvoll, auf neue, unerwartete und/oder unbekannte Umweltreize zu reagieren. Sie könnten etwas Wichtiges ankündigen wie z. B. Gefahr. Es wäre jedoch eine Verschwendung von Energie, jedes Mal auf jeden Reiz/Stimulus zu reagieren.

Die Erfahrung, dass ein bestimmter Umweltreiz nichts Bedrohliches ankündigt, führt zu einer Gewöhnung, der so genannten Habituation. Dazu muss dieser Reiz (Geräusche, Gerüche, neue Objekte usw.) wiederholt *ohne störende Einwirkung* erlebt werden und sollte weder sehr intensiv noch sehr auffallend sein. Er wird dann ignoriert und ruft keine Reaktion mehr hervor.

Generell unterstützt Aufmerksamkeit die Habituation, eine Überstimulation, also zu viele Reize, sollte jedoch vermieden werden. Das sollte besonders bei der Welpenaufzucht und bei Welpenspielstunden berücksichtigt werden. Welpen sollten nicht möglichst viele, sondern in angemessenem Umfang die *richtigen* Erfahrungen machen.

Man unterscheidet zwischen einer Kurzzeit- und einer Langzeit-Habituation. Bei der ersteren wird der Reiz/Stimulus jeweils über einen kurzen Zeitraum mit kurzen Zwischenpausen und über einen insgesamt kurzen Zeitabschnitt erlebt. Wenn man dem Reiz/Stimulus über einen gewissen Zeitraum nicht ausgesetzt war, kann eine erneute Reaktion, eine *spontane Erholung* auftreten. Das ist bei der Kurzzeit-Habituation eher der Fall als bei der Langzeit-Habituation, die über einen längeren Zeitabschnitt mit längeren zeitlichen Abständen zwischen den einzelnen Gewöhnungsintervallen abläuft.

Eine Übertragung der Habituation kann zu anderen, aber ähnlich vertrauten Umgebungen (z. B. Haushaltsgeräusche beim Züchter – Haushaltsgeräusche beim neuen Besitzer) erfolgen. Wenn allerdings derselbe Reiz (Stimulus) in einem ganz anderen Zusammenhang auftaucht, wird wieder eine Reaktion erfolgen. Ein Staubsaugergeräusch, an das man an sich gewöhnt ist, würde uns im Wald überraschen und aufmerksam machen.

▶ **Überempfindlichkeit (Sensibilisierung, Sensitivierung)**
Eine Sensibilisierung ist das Gegenteil einer Habituation: Die Reaktion auf einen Reiz/Stimulus wird verstärkt. Das kann durch das wiederholte Erleben eines intensiven, stark auffallenden Reizes geschehen. Dabei steigt die allgemeine Erregung, und so wird wiederum die Reaktion auf den Reiz/Stimulus verstärkt. Sensibilisieren ist nicht Lernen im eigentlichen Sinn und kann Lernen behindern.

Die Gefahr einer Sensibilisierung steigt, wenn ein Reiz/Stimulus in kurzen Abständen erfolgt. Ein tropfender Wasserhahn z. B. kann einen wahnsinnig machen. Sensibilisierung ist allerdings nicht unbedingt reizspezifisch. Es erfolgt eher eine allgemein gesteigerte Erregung, die wiederum zu einer gesteigerten Aktivität im Zusammenhang mit weiteren, evtl. ganz anderen Reizen/Stimuli führen kann.

Auch eine allgemeine Belastung durch Hintergrundreize (erhöhte Umgebungstemperatur, hohes Maß an Hintergrundgeräuschen), kann die Reaktion auf Stimuli steigern. Verstärkte Reaktionen im Allgemeinen sowie Schreckreaktionen (Folge beim Hund evtl. Schnappen) sind möglich.

Das sollte in Bezug auf Trainingsplätze und Tierheime bedacht werden. Die Gefahr einer Sensibilisierung besteht auch bei Welpen in einem zu lauten Haushalt, bei zu intensivem Kontakt mit Kindern oder zu häufigem Handling.

Klassische Konditionierung

Mittels der so genannten klassischen Konditionierung wird ein angeborener Reflex mit einem an sich neutralen Reiz (Stimulus) gekoppelt. Das führt dazu, dass im weiteren Verlauf der zunächst neutrale Stimulus (NS) die angeborene Reaktion auslöst. Diese Verbindung zwischen Reflex und Reiz erfolgt allein aufgrund ihres zeitlichen und örtlichen Zusammentreffens. Sie ist vom Willen und der Entscheidung des betreffenden Individuums unabhängig und hat größtenteils nichts mit Verhalten und Konsequenz, also Belohnung oder Bestrafung, zu tun.

Ein Reflex besteht aus zwei Anteilen: dem angeborenen Auslöser (**U**nkonditionierter Reiz/**S**timulus = **US**) und der angeborenen Reaktion (**U**nkonditionierte **R**eaktion = **UR**). Unkonditioniert heißt in diesem Zusammenhang nichts anderes als angeboren und nicht erlernt.

▶ **Pavlovs Experiment**

Als Beispiel dient die bekannte Beobachtung von Pavlov, der sich zu Beginn des letzten Jahrhunderts mit der Untersuchung von Verdauungsvorgängen befasst und dabei den Vorgang der klassischen Konditionierung entdeckt hat.

Die meisten Hunde speicheln, wenn sie Futter erwarten. Der Anblick von Futter (**US**) löst regelmäßig Speicheln (**UR**) aus, das ist angeboren:

US ▶ UR
(Stimulus Futter)   (Reaktion Speicheln)

Nun erklingt jedes Mal, kurz bevor Futter präsentiert wird, ein Ton (**N**eutraler Reiz/**S**timulus = **NS**) der natürlich zuerst keinerlei Bedeutung hat.

Dadurch jedoch, dass er *regelmäßig* vor dem Erscheinen des Futters ertönt, erfolgt bei ausreichend häufiger Paarung eine Verknüpfung (Assoziation) zwischen Ton und Futter: Der Ton kündigt das Futter zuverlässig an.

Sobald diese Assoziation zwischen Ton und Futter besteht, löst allein das Erklingen des Tones Speicheln aus. Dieser Vorgang ereignet sich unabhängig von Verhalten und Bewusstsein und ist von dem betreffenden Individuum nicht beabsichtigt.

Durch den Vorgang der regelmäßigen zeitlichen Paarung mit dem Futter wird der Ton zu einem *zuverlässigen* Ankündigungssignal für Futter. Der zuerst neutrale Ton gewinnt Bedeutung, er wird als wichtig erlernt = konditioniert. Daher wird er als erlernter = **c**onditionierter **S**timulus (**CS**) bezeichnet. Die Reaktion, auf diesen erlernten Stimulus mit Speicheln zu reagieren, ist ebenfalls erlernt = **c**onditioniert, und wird daher als **CR** bezeichnet.

OPTIMALE ASSOZIATION ▶ Sie erfolgt, wenn der Zeitabstand zwischen dem zunächst bedeutungslosen, neutralen Stimulus NS und dem angeborenen Stimulus US nicht mehr als 0,5 Sekunden beträgt.

Angeboren		US (Futter)	▶ UR (speicheln)
Klassische Konditionierung	NS (Ton)	▶ US (Futter)	▶ UR (speicheln)
Ergebnis	CS (Ton, konditionierter/ erlernter Stimulus)		▶ CR (speicheln, konditionierte/ erlernte Reaktion)

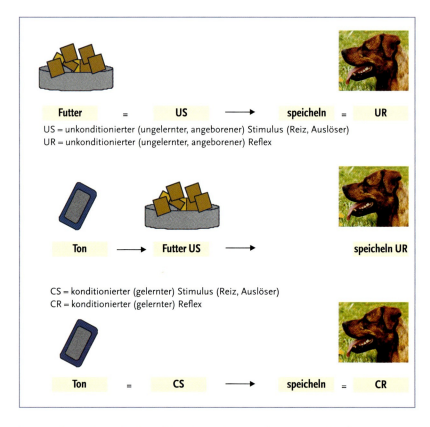

Bei zunehmendem Zeitabstand wird die Assoziation schwächer oder erfolgt überhaupt nicht.

Die Intensität beider Reize muss ausreichend stark sein, aber die Intensität des zweiten Reizes ist wichtiger. Je intensiver beide Reize sind, desto schneller erfolgt die Verknüpfung. Die Stärke der Assoziation steigt mit der Häufigkeit der Paarung der Reize und der Zuverlässigkeit, mit der der erste Reiz den zweiten vorhersagt (predictive validity).

Durch die klassische Konditionierung werden Verbindungen zwischen Umweltreizen und lebenswichtigen Reaktionen hergestellt. Der erlernte Reiz wird zu einer Ankündigung für ein sofort darauf folgendes Ereignis. Damit ist der Körper des betreffenden Lebewesens optimal auf dieses Ereignis eingestellt. Klassisch konditionierte Assoziationen können leicht generalisiert, d. h. auf andere ähnliche Stimuli übertragen werden.

Wenn der zweite Reiz dem ersten nicht mehr zuverlässig folgt, verliert dieser seinen Wert als zuverlässige Ankündigung. Damit wird die Assoziation geschwächt. Je öfter das geschieht, desto schwächer wird die Verknüpfung. Wenn das bei mehr als der Hälfte der Präsentationen oder noch öfter der Fall ist, dann wird die Assoziation gelöscht.

Ein Beispiel für klassische Konditionierung im täglichen Leben ist z. B., dass ein Hund in freudige Erregung gerät, wenn man die Leine vom Haken nimmt. Ein anderes wäre, wenn der Hund auf seinen Platz schleicht, sobald man sich für's Büro fertig macht.

▸ **Clickertraining**

Das inzwischen an Bekanntheit zunehmende Clickertraining beruht auf einer klassischen Konditonierung von Clicker und Futter. Bevor er eingesetzt werden kann, muss der Clicker aufgebaut werden: Der Hund muss lernen, dass der Clicker bedeutet: Belohnung folgt gleich.

Dazu nimmt man den Clicker in die eine, einen Futterbissen in die andere Hand. Man clickt und gibt sofort den Futterbissen. Das wird so lange wiederholt, bis der Hund beim Clickgeräusch auf die Hand mit dem Futterbissen späht. Dann führt man diese Übung mit der anderen Hand durch.

Das Clickgeräusch sollte für den Hund die *einzige zuverlässige* Ankündigung dafür sein, dass der Futterbissen kommt. Man muss also darauf achten, dass nicht zufällig irgendwelche anderen Dinge den Leckerbissen ankündigen, z. B. Körperbewegungen, wenn man in die Tasche greift, oder das Rascheln einer Tüte, aus der man den Leckerbissen herausfischt.

Je hochwertiger der Leckerbissen, der dem Clickgeräusch folgt, für den Hund ist, desto schneller erfolgt die Verknüpfung.

> **Wichtig**
>
> Grundsätzlich soll bei jedem Click ein Futterbissen gegeben werden. Wenn dies nicht geschieht, schwächt das die Verknüpfung zwischen Geräusch und Belohnung und verringert die Wirkung des Clickers. Zugleich verursacht ein Click ohne folgende Belohnung aber auch eine Enttäuschung beim Hund. Das wiederum kann die Wirkung einer Strafe haben und das Verhalten, das man belohnen wollte, vermindern.

Mit einiger Übung kann man beide Leinenteile – den zum Kopfhalfter und den zum Halsband – gut in einer Hand halten. Auch ein schwerer Hund kann so gut kontrolliert werden. Die andere Hand ist frei für den Clicker. Paco fühlt sich durch den Gentle Leader nicht beeinträchtigt.

PUNKTGENAUES BELOHNEN ▶ Der Clicker produziert ein prägnantes, kurzes, deutliches und weit hörbares, nicht alltägliches Signal. Das Geräusch spricht einen für Gefühle sehr wichtigen Bereich des Gehirns an, die Amygdala, und bedient alle Hörfrequenzen. Durch das kurze Geräusch ist eine punktgenaue Belohnung möglich. Mit diesen Eigenschaften ist der Clicker der menschlichen Stimme überlegen.

Geclickt wird, *während* der Hund das erwünschte Verhalten ausführt. Das Clickgeräusch bedeutet für den Hund das Ende des Verhaltens: Er bekommt (siehe Desensibilisierung, S. 51). Erst anschließend daran kann dann der Clickeraufbau durchgeführt werden.

▶ Überschattung

Eine Bedingung, damit überhaupt eine Assoziation erfolgen kann, besteht darin, dass beide an einer klassischen Konditionierung beteiligten Reize auffallend sind. Bei gleichzeitiger Anwesenheit von mehreren Reizen kann jedoch ein Reiz, der auffallender ist, einen anderen, weniger auffallenden Reiz überschatten und dessen Verknüpfung verhindern.

Da hinten kommt wer ...

jetzt die Belohnung. Dabei wird immer nur einmal geclickt. Begeisterung über ein besonders tolles Verhalten wird nicht über eine erhöhte Anzahl von Clicks ausgedrückt, sondern über eine ganz besonders tolle Belohnung, einen Jackpot.

Es ist auch möglich, den Clicker bei einem geräuschempfindlichen Hund einzusetzen. Dazu muss der Hund jedoch – meist eine erhebliche Vorarbeit – erst an das Geräusch gewöhnt werden

Da Hunden die Kommunikation mittels der Körpersprache angeboren ist, nehmen sie körpersprachliche Signale besser wahr als Worte. Aus diesem Grund wird ein Wort bei gleichzeitiger Handbewegung durch die Handbewegung überschattet. Es erfolgt also eine Verknüpfung von Handbewegung und Handlung, nicht jedoch von Wort und Handlung. Das Wort gewinnt folglich nicht die Fähigkeit, die Handlung auszulösen. Viele Hunde setzen sich zuverlässig hin, wenn sie das Signal hören und gleichzeitig die Körpersprache ihres Halters sehen. Wenn nur das Hörsignal ertönt, wissen sie nicht, was gemeint ist und setzen sich nicht hin.

▸ **Latente Hemmung**
Wenn ein neutraler Reiz *vor* der beabsichtigten Konditionierung schon mehrmals *ohne* den unkonditionierten Auslöser erlebt wurde, so wird eine Verknüpfung gehemmt oder findet nicht statt. Der Hund hat bereits gelernt, dass dieser Reiz nichts bedeutet. Dieser *Vorgang* wird als latente Hemmung, der

latent gehemmten Reiz zu verwenden. Am besten erfolgt eine klassische Konditionierung mit einem bis dahin unbekannten Reiz und einem plötzlichen und überraschenden unkonditionierten Reiz (US). Das sollte man z. B. beim Aufbau eines gut funktionierenden klassisch konditionierten Rückrufs berücksichtigen.

▸ **Präkonditionierung**
Durch eine regelmäßige Paarung zweier zunächst neutraler Reize kann eine Verknüpfung zwischen diesen beiden Reizen hergestellt werden.

... was sollen wir tun?

Zustand als erlernte Irrelevanz bezeichnet. Dieser Zustand kann schon eintreten, wenn der Hund den neutralen Reiz vorher nur 15 bis 20 Mal ohne den unkonditionierten Auslöser erlebt hat.

Wenn das geschehen ist, wenn also für einen Reiz schon eine erlernte Irrelevanz besteht, muss diese erst behoben werden, bevor neues Lernen stattfinden kann. Oft ist es daher sinnvoll, von vornherein einen ganz neuen Reiz zu wählen, anstatt zu versuchen, einen schon

So könnte man z. B., bevor der Clicker überhaupt mit Futter assoziiert ist, das Geräusch auslösen und anschließend »Brav« sagen, ohne dass danach etwas von Bedeutung folgt. Das sollte mehrmals hintereinander geschehen.

Erst hinterher erfolgt eine klassische Konditionierung: Auf das Wort »Brav« allein folgt ein Futterbissen. Durch die vorhergehende rein zeitliche Verknüpfung des Clickgeräusches mit dem Wort »Brav«, hat anschließend auch

Vergnügliches Training in der Wohnung – eine gute Auslastungsmöglichkeit für Ronja: Sie trägt ihr Spielzeug zum Korb. Sie lässt es hineinfallen – Click + Belohnung!

das Clicken allein die Bedeutung »Futter kommt« erlangt.

Bei diesem Vorgehen kann eine Verknüpfung der beiden ersten Reize schon nach wenigen Paarungen erfolgen und sogar dann, wenn Clickgeräusch und Wort erst bis zu vier Sekunden nacheinander erfolgen.

▶ **Blocken**

Grundsätzlich können auch aus mehreren einzelnen Faktoren bestehende komplexe Reize klassisch konditioniert werden. Dabei erhält dann jeder der beteiligten Faktoren einen Anteil an der gesamten Wirkung. Voraussetzung dafür ist allerdings, dass keiner der beteiligten Faktoren die anderen überschattet.

Wenn jedoch für *einen* der beteiligten Faktoren schon eine Verknüpfung mit dem unkonditionierten Stimulus besteht, wird eine Verknüpfung der anderen beteiligten Faktoren verhindert, sie wird geblockt.

Ein Hund, der auf den Behandlungstisch in der Tierarztpraxis gehoben wird und dabei sofort Schmerzen empfindet, wird neben anderen Faktoren auch den Tisch mit den Schmerzen verknüpfen. In der Folge wird er nicht mehr gern auf dem Tisch sein.

Wenn er jedoch schon öfter auf dem Behandlungstisch in der Tierarztpraxis war, ohne dass etwas Unangenehmes passiert ist, wird er Schmerzen auf dem Tisch nicht mit dem Tisch verknüpfen. Wenn er also bis zu diesem Mal unbefangen auf den Tisch gesprungen ist, wird er das auch weiterhin tun.

▶ **Löschung**

Eine klassische Konditionierung wird gelöscht, wenn der konditionierte Stimulus (CS) in mehr als 50 % der Fälle ohne den nachfolgenden unkonditionierten Stimulus (US) erlebt wird. Wenn also beim Clickertraining immer wieder ohne nachfolgende Belohnung geclickt wird, wird die Assoziation gelöscht: Der Clicker verliert seine Bedeutung als zuverlässige Vorhersage der Belohnung und damit seine Wirkung.

Instrumentelle Konditionierung

Die bisher geschilderten Vorgänge ermöglichen einem Organismus eine schnelle und optimale Reaktion auf Umweltreize und haben sich im Laufe einer langen Evolution entwickelt. Die klassische Konditionierung bewirkt die zuverlässige Ankündigung von Ereignissen und vermittelt so Informationen über Zusammenhänge. Dabei unterliegen im Allgemeinen weder die entsprechenden Reize noch die durch sie ausgelösten Reaktionen einer Kontrolle durch das betreffende Lebewesen.

Bei der instrumentellen (operanten) Konditionierung dagegen lernt der Organismus, welche Folgen seine eigenen Handlungen haben. Es werden Verknüpfungen zwischen einer bestimmten Handlung und der Reaktion aus der Umwelt gebildet. Damit kann ein Lebewesen sein Verhalten danach richten, welche Erfahrungen es mit diesem Verhalten bisher gemacht hat. Es kann *durch eigene Aktivitäten* die Situation beeinflussen. Eine Verknüpfung zwischen Verhalten und Konsequenz erfolgt jedoch nur dann, wenn diese Konsequenz dem Verhalten sofort anschließend folgt – optimalerweise innerhalb einer Sekunde. Wenn die Folgen erwünscht sind, wird das Verhalten öfter, bei unerwünschten Konsequenzen weniger oft gezeigt werden.

Gesetzmäßigkeit

Verhalten wird unausweichlich öfter auftreten und stärker werden, wenn
▶ es Erfolg hat,
▶ es etwas Erwünschtes zur Folge hat (Belohnung),
▶ etwas Unangenehmes aufhört.

Verhalten wird weniger häufig auftreten und schwächer werden, wenn
▶ es keinen Erfolg hat,
▶ etwas Erwünschtes entfernt wird,
▶ etwas Unangenehmes zugefügt wird.

Was jedoch als angenehm und erwünscht oder als unangenehm bzw. unerwünscht empfunden wird, ist von einem Lebewesen zum anderen verschieden und hängt von verschiedenen Faktoren ab: den angeborenen Eigenschaften, dem erlernten Verhalten und der jeweiligen Situation, in der sich das betreffende Lebewesen gerade befindet. Es kann sich außerdem nicht nur von einer Situation zur nächsten ändern, sondern oft sogar von einem Augenblick zum nächsten.

▶ **Beispiel für instrumentelle Konditionierung**

Stimulus	Handlung		Konsequenz		Wirkung auf das Verhalten
Menschen essen am Tisch	▶ Hund bettelt	▶	**Erfolg** Er erhält einen Bissen.	▶	Es wird stärker: Er bettelt mehr.
		▶	**Misserfolg** Er erhält nichts.	▶	Es wird schwächer: Er bettelt weniger bzw. gibt es auf.

Als Futterbelohnung ist alles möglich, was der Hund gern mag – und verträgt.

Verstärkung

Angenehme Konsequenzen eines Verhaltens wirken belohnend und führen dazu, dass die Wahrscheinlichkeit dieses Verhaltens steigt. Daher werden sie als *positive* Verstärker bezeichnet.

Als *negative* Verstärkung wird die Entfernung von etwas Unangenehmem bezeichnet. Eine negative Verstärkung wirkt ebenfalls als Belohnung und steigert die Wahrscheinlichkeit eines Verhaltens (siehe aversive Methoden, S. 125).

Es gibt primäre = angeborene Verstärker, z. B. Futter, Spiel, soziale Zuwendung, aufmunternde verbale Einwirkung.

Sekundäre Verstärker sind erlernte Verstärker, z. B. Geld für Menschen, beim Hund Leine anmachen, Tür aufmachen. Sekundäre Verstärker, wie z. B. der Clicker, gewinnen ihre Wirkung über die Paarung mit angeborenen Verstärkern (klassische Konditionierung). Auch eine positive Reaktion der sozialen Gruppe oder des Partners wirkt als Verstärkung und wird daher als »sozialer« Verstärker bezeichnet.

INTERESSE/MOTIVATION ▶ Um also erfolgreich positiv verstärken zu können, braucht man etwas, was das jeweilige Lebewesen, in unserem Fall der Hund, *in diesem Augenblick* gern haben oder tun möchte. Je größer das Interesse des Hundes daran ist, desto größer ist seine Motivation, dafür eine Leistung zu erbringen. Es ist daher als Erstes wichtig, dass der Hund auch ausreichend Interesse an der für das Training gewählten Belohnung hat. Ein satter Hund wird wenig Interesse an seinem normalen Futter haben und wahrscheinlich dafür keine große Leistung erbringen wollen. Ein Hund, der ohne jede Gegenleistung mit Aufmerksamkeit und Zuwendung zugeschüttet wird, ist wahrscheinlich an allem Möglichen interessiert, aber leider nicht daran, für Zuwendung etwas zu leisten.

BELOHNUNGSART ▶ Grundsätzlich ist natürlich jede Belohnung möglich, für die der Hund arbeiten würde, sei das Futter, Spielzeug, Laufen dürfen,

Definition von Belohnung und Strafe in der Lerntheorie

	Verhalten	Hinzufügen	Entfernen
Belohnung	**+** wird stärker	**Positive Verstärkung** Etwas Erwünschtes wird zugefügt.	**Negative Verstärkung** Etwas Unangenehmes wird entfernt.
Strafe	wird schwächer **−**	**Positive Strafe** Etwas Unangenehmes wird zugefügt.	**Negative Strafe** Etwas Erwünschtes wird entfernt.

Schnüffeln oder Sozialkontakt. Aber man sollte die richtige Belohnung für die spezielle Trainingseinheit wählen. Ein Spielzeug, ein Spiel oder Laufen hat eine andere Erregungslage zur Folge als z. B. Fressen oder Schnüffeln. Das kann, je nach Trainingsziel, störend oder förderlich sein. Eine durch ein aufregendes Zerrspielzeug erhöhte Erregungslage könnte z. B. ein Platztraining stören. Ein Leckerbissen, auf dem lange herumgekaut wird, würde den Fortgang einer Übung unterbrechen.

QUALITÄT UND QUANTITÄT ▶
Nicht nur die Art, sondern auch Qualität und Quantität beeinflussen die Wirkung einer Belohnung. Ein positiver Kontrast entsteht, wenn der Hund Trockenfutter erwartet, aber etwas Besseres, z. B. Wurst bekommt. Das motiviert ihn beim nächsten Mal, seine Leistung weiter zu steigern. Im Gegensatz dazu wird ein Hund, der Käse erwartet, aber Trockenfutter bekommt, beim nächsten Mal weniger motiviert sein. Ein negativer Kontrast wirkt wie eine Strafe. Das Verhalten wird weniger gezeigt werden.

> **Wichtig**
>
> Unter einem Jackpot versteht man eine ganz besonders gute Belohnung – und viel davon – für eine außerordentliche Leistung.

Als Jackpot verwendet man keine Belohnung, die auch ohne besondere Leistung hin und wieder auftritt, um den Hund zu motivieren, oder die in einer bestimmten Situation immer wieder auftaucht. Die besondere Wirkung des Jackpots beruht auf dem Zusammenspiel von Überraschung und positivem Kontrast. Bei einem *Jumpstart* bekommt der Hund gleich am Anfang ein Häppchen und weiß daher, worum es geht. Eine sehr effektive Motivationssteigerung kann durch eine Kombination von Jumpstart und Jackpot erzielt werden.

Weiterhin kann nach verschiedenen Strategien verstärkt werden. Zum Erlernen eines neuen Verhaltens sollte *jedes Mal* belohnt werden, wenn das erwünschte Verhalten ausgeführt wird. Sobald das erlernte Verhalten zuverlässig ausgeführt wird, sollte ein anderes Belohnungsschema einsetzen.

INTERMITTIERENDE BELOHNUNG ▶
Darunter versteht man, dass nach einem für den Hund nicht durchschaubaren Prinzip belohnt wird. Dazu kann man sich an der Anzahl der gewünschten Verhaltensweisen orientieren, oder an der Zeit, innerhalb der eine Reaktion erfolgt. Eine weitere Möglichkeit wäre eine feste Anzahl gegenüber einer variablen Anzahl von Reaktionen bzw. ein

Zuerst wurde die Futtertube eingesetzt, damit Bjorka das Halti als angenehm empfindet. Nun wird sie als Belohnung für erwünschtes Verhalten verwendet.

Belohnungsstrategien

Schema	Beispiel
Verstärkung erfolgt kontinuierlich.	Das erwünschte Zielverhalten wird jedes Mal belohnt.
Fixierter Zeitraum	Zum Beispiel einmal alle 30 Sek., vorausgesetzt das Verhalten wird in diesem Zeitraum ausgeführt.
Variabler Zeitraum	Verstärkung erfolgt ungefähr alle 30 Sekunden, aber der Zwischenraum ändert sich von einem Durchlauf zum nächsten, z. B. mal am Anfang der 30 Sekunden, beim nächsten Mal vielleicht am Ende. Dadurch wird jedes einzelne Mal sehr unvorhersagbar.
Fixierte Anzahl	Verstärkung erfolgt für eine bestimmte Anzahl von richtigen Reaktionen, egal wie lange das dauert, z. B. ein Mal für zehn Reaktionen.
Variable Anzahl	Verstärkung ungefähr alle zehn Mal, aber die genaue Anzahl wechselt von Durchlauf zu Durchlauf. Dadurch wird die Anzahl für den Einzelfall unvorhersagbar.

fester Zeitraum gegenüber einem variablen Zeitraum. Man kann sich auch danach richten, dass der Hund eine verbesserte Reaktion gezeigt hat. Unterschiedliche Belohnungsstrategien haben unterschiedliche Wirkungen.

▸ **Konzentration und Stress**

Die Lernfähigkeit steigt mit der Konzentrationsfähigkeit. Sie ist bei Hunden, ebenso wie bei Menschen, verschieden und hängt ab vom Alter, von der Rasse und dem individuellen Ausbildungsstand des Hundes. Junge ebenso wie ungeübte Hunde können sich oft nur ein paar Minuten konzentrieren. Richtiges Training verbessert die Konzentrationsfähigkeit.

Stress hingegen beeinträchtigt die Konzentrations- und damit die Lernfähigkeit. Stress wird erzeugt durch Ungewissheit und Missverständnisse. Aber auch Misserfolge, Unbekanntes, mangelndes Wohlbefinden aufgrund von Hunger, Durst, Schmerz und Angst erzeugen Stress. Angst bewirkt nicht nur Stress, sondern behindert die Erinnerung an schon Erlerntes und blo-

Leistung	Widerstand gegen Löschung	Beispiele
Nieder, aber regelmäßig	Gering	1. Jedes Mal gute Noten 2. Beim Erlernen eines neuen Verhaltens
Die Leistung steigt an, sobald die nächste Verstärkung näher rückt. Nach der Verstärkung erst einmal eine Pause	Nieder, Löschung erfolgt ziemlich bald	1. Gehalt kommt wöchentlich oder monatlich 2. Regelmäßig nach 1 Std. Lernen 15 Min. Pause 3. Zeitraum bei Sitz/Bleib verlängern.
Sehr stabil über längere Zeiträume. Es besteht eine gewisse Tendenz zu mehr Leistung je länger die letzte Verstärkung her ist.	Sehr hoch. Löschung erfolgt sehr langsam und graduell	1. Bezahlung bei selbstständiger Arbeit 2. Unterschiedlich langes Sitz/Bleib
Deutliche Pause nach der Verstärkung, dann hohe Reaktionsrate bis zur nächsten Verstärkung.	Nieder, Löschung erfolgt ziemlich bald	1. Akkordarbeit 2. Kommission 3. Verstärkung am Ende des Agility-Parcours
Hohe Reaktionszahl, sehr gleichmäßig	Sehr hoch, höher als alle anderen	1. Glücksspiel 2. Activity-Ball

ckiert die Fähigkeit, Informationen im Langzeitgedächtnis abzuspeichern. Angst kann durch die direkte Bedrohung durch andere Hunde in der Trainingsgruppe ausgelöst werden. Das geschieht oft für die anwesenden Menschen ganz unauffällig allein durch Blicke. Aber auch durch bedrohliche Körpersignale von Trainer oder Hundehalter bei Wut, Ärger oder Frustration können Hunde sich direkt bedroht fühlen.

Zu hohe Anforderungen und der andauernde Einsatz von Leinenruck oder anderen Druckmitteln beeinträchtigen das Training. Dasselbe gilt für unsachgemäße Strafen und generell durch zu harte Einwirkungen. Auch ein zu hoher Lautstärkepegel, plötzliche Veränderungen, zu starke Ablenkung z. B. aufgrund der Größe der Gruppe oder durch spezifische Reize, die Angst auslösen, sind ungünstig.

STRESSANZEICHEN ▶ Hinweise darauf, dass ein Hund unter Stress leidet, geben körpersprachliche Signale. Dazu gehört das Zurückziehen von Ohren und Gesichtsmuskulatur, Ein-

Vom Menschen ist diese Geste liebevoll gemeint – aber der Hund empfindet sie nicht so. Das zeigen seine Ohrenhaltung, sein abgewendeter Blick und das Hecheln.

knicken in den Gliedmaßen, Einziehen der Rute, ein hoher Erregungszustand, eventuell einhergehend mit Zittern, Hecheln, Winseln oder gar unfreiwilligem Harnen. Auch sich Schütteln, das Vermeiden der Situation oder der Versuch dazu sind deutliche Zeichen.

Beschwichtigungsgesten können ebenfalls auf Stress hindeuten, z. B. das Abwenden des Blickes, des Kopfes oder des gesamten Körpers, Hinsetzen oder Hinlegen, Lecken über die eigene Schnauze, Gähnen, Zwinkern, am Boden Schnüffeln, verlangsamte Bewegungen und Ausweichen. Es kann sogar eine plötzliche Spielaufforderung aus diesem Grund gezeigt werden.

Eine dem Training und Lernen von vornherein förderliche, stressfreie Situation ist daher wünschenswert. Das beinhaltet neben einem geeigneten Ort einen freundlichen, geduldigen Umgang und Umgangston mit Hund und Halter sowie die bestmögliche Reduzierung von Störfaktoren.

▸ **Löschung**

Ein erlerntes Verhalten, das keine Belohnung mehr erfährt, wird nach einiger Zeit nicht mehr gezeigt, es wird gelöscht. Dabei wird nicht Lernen rückgängig gemacht. Es wird vielmehr gelernt: Dieses bestimmte Verhalten hat unter diesen Umständen, z. B. bei einem bestimmten Signal, nicht mehr die bisherige Folge. Es lohnt sich also nicht, dieses Verhalten unter diesen Umständen zu zeigen. Es wird jedoch kein neues Verhalten gelernt.

Eine Löschung wird vermieden, wenn das Verhalten immer mal wieder eine Belohnung erfährt, und am besten wirkt, wenn die Belohnung überraschend und nicht vorhersehbar erfolgt.

Wenn man *unerwünschtes* Verhalten löschen möchte, sollte man auf Folgendes achten:
▸ Ein Verhalten, das plötzlich keine Belohnung mehr erhält, löst Frustration aus. Das führt dazu, dass das Verhalten zunächst vermehrt gezeigt wird, also sogar noch stärker sein kann, als es war, ehe mit der Löschung begonnen wurde. Das wird als »extinction burst« bezeichnet.
▸ Wenn ein scheinbar gelöschtes Verhalten wieder belohnt wird, kommt es zu einer spontanen Erholung. Das Verhalten wird wieder gezeigt.

> ▸ **Wichtig**
>
> Eine Veränderung der Gruppenzusammensetzung oder Einzeltraining kann die Ablenkung und den Stress durch andere Hunde vermindern oder ganz ausschließen. Durch Bewegung und Spiel kann Stress abgebaut und reduziert werden. Auch Übungen, die der Hund kann und gern macht, wirken stressmindernd. Manchmal empfiehlt es sich, den Trainingsort zu wechseln. Der Verzicht auf unsachgemäße Strafe sollte selbstverständlich sein.

- Intermittierend belohntes Verhalten ist am schwersten zu löschen.
- Verhalten, dem jedes Mal eine Belohnung gefolgt ist, das also kontinuierlich belohnt worden ist, kann am schnellsten gelöscht werden.

Das Löschen eines intermittierend belohnten Verhaltens kann daher erleichtert werden, wenn zuerst von der intermittierenden Belohnung auf eine kontinuierliche Belohnung umgestellt wird. Das unerwünschte Verhalten wird über einen gewissen Zeitraum jedes Mal, wenn es gezeigt wird, belohnt. Danach wird das Löschen durchgeführt.

Strafe und Vermeidung

Jedes Lebewesen versucht die Dinge zu erlangen und zu tun, die erfreulich und angenehm sind. Unerfreuliches und Unangenehmes wird vermieden. Es besteht nicht der geringste Zweifel daran, dass unangenehme Folgen oder Begleiterscheinungen ein Verhalten vermindern oder ganz abstellen können. Methoden, die auf diesen Wirkungen beruhen, finden natürlich auch in der Hundeerziehung Anwendung und werden als *aversive Methoden* bezeichnet.

Entsprechend den zugrunde liegenden Wirkungsmechanismen kann man die folgende Unterscheidung treffen:
- Eine *Strafe* ist die unangenehme/unerwünschte Folge für ein Verhalten und gehört damit in den Bereich der instrumentellen Konditionierung.
- Die Verknüpfung eines Gegenstandes, eines Objektes oder einer Situation mit Schreck oder Angst führt zu deren Vermeidung. Das wird als *konditionierte Vermeidung* bezeichnet und beruht auf einer klassischen Konditionierung.

Aversive Methoden dürfen erst dann zum Einsatz kommen, wenn der Hund erwünschte Verhaltensweisen gut genug beherrscht um diese dann wahlweise ausführen zu können.

> ▶ **Wichtig**
>
> Aversive Maßnahmen wie positive Strafen, konditionierte Vermeidung sowie Reizüberflutung, das sogenannte »Flooding«, sind hier der Vollständigkeit halber dargestellt. Ich empfehle ihren Einsatz jedoch grundsätzlich nicht. Sie sind, ganz besonders bei aggressivem Verhalten, meist kontraproduktiv.

▶ Gefahren von aversiven Methoden

Auch bei aversiven Methoden kann die richtige Verknüpfung nur dann erfolgen, wenn die zugrunde liegenden Prinzipien berücksichtigt werden. Im Gegensatz zu positiven Methoden haben aversive Methoden jedoch bei fehlerhafter Durchführung eine Vielzahl von zum Teil sehr schwerwiegenden Nebenwirkungen. Sie können große Unsicherheit, Angst und Frustration auslösen und sollten aus diesem Grund vermieden bzw. nur dann eingesetzt werden, wenn
- alle anderen Möglichkeiten ausgeschöpft sind,
- erwünschte Verhaltensweisen in ausreichendem Maß aufgebaut sind, um dem Hund als Wahlmöglichkeit zur Verfügung zu stehen,
- der Anwender im korrekten Einsatz geübt ist,

▶ eine Trainingssituation, die den fehlerfreien Einsatz einer Strafe gestattet, hergestellt werden kann.

Im Hinblick auf aversive Trainingsmaßnahmen sollte für Hundetrainer die Forderung des Hippokratischen Eides Gültigkeit haben, die in der Medizin für die Anwendung von Therapien gilt: *keinen Schaden anrichten.*

Strafe

Eigentlich scheinen wir alle mit Strafen vertraut. Jeder von uns erlebt und setzt Strafen im täglichen Leben ein. Erst eine genauere Betrachtung macht deutlich, dass richtiges Strafen, ähnlich wie richtig belohnen, eine komplizierte und vielschichtige Angelegenheit ist.

Während eine Verstärkung die Wahrscheinlichkeit eines bestimmten Verhaltens erhöht, vermindert eine Strafe die Wahrscheinlichkeit eines Verhaltens. In der Lerntheorie unterscheidet man zwischen positiver und negativer Strafe:
▶ Negative Strafe: Entfernen von etwas, das erwünscht/angenehm ist.
▶ Positive Strafe: Zufügen von etwas, das unerwünscht/unangenehm ist.

NEGATIVE STRAFE ▶ Sie ist sozusagen der direkte Gegenspieler der positiven Verstärkung: Bei der positiven Verstärkung führt eine Belohnung dazu, dass das erwünschte Verhalten öfter gezeigt wird. Wenn ein anderes als das gewünschte Verhalten gezeigt wird, erfolgt eine negative Strafe: Der Hund erhält die Belohnung nicht.

Der Vorteil einer negativen Strafe besteht darin, dass etwas, was der Hund gern haben möchte, im Besitz des Halters verbleibt. Der Halter verliert dadurch für den Hund nicht an Attraktivität, im Gegenteil, sie kann sogar steigen.

POSITIVE STRAFE ▶ Hier wird, im Gegensatz zur negativen Strafe, etwas zugefügt, das unangenehm ist, z. B. Schmerzen, ein lautes Geräusch, eine plötzliche Bewegung oder Alleingelassenwerden. Einem derartigen Erlebnis versucht sich das betreffende Lebewesen auf der Stelle zu entziehen. Außerdem bekommt es Angst davor, dasselbe noch einmal zu erleben. Wenn Angst ein unangenehmes Ereignis ankündigt, besteht die Möglichkeit, dieses Ereignis von vornherein zu vermeiden.

Beispiel für eine negative Strafe

Erwünschtes Verhalten	Handlung	Konsequenz	Wirkung auf das Verhalten
Der Hund soll sich hinsetzen: SITZ!	▶ Er setzt sich.	▶ Positive Verstärkung: Leckerbissen folgt.	▶ Sitzen wird öfter stattfinden.
	▶ Er bleibt stehen.	▶ Negative Strafe: Leckerbissen wird zurückgehalten.	▶ Stehen bleiben wird weniger oft stattfinden.

Beispiel für eine Interaktion von positiver Strafe und negativer Verstärkung

Erwünschtes Verhalten	Handlung	Konsequenz	Wirkung auf das Verhalten
Der Hund soll sich hinsetzen: SITZ!	▶ Er steht.	▶ Zug am Halsband + Druck auf den Po. *Positive Strafe*	▶ Stehen bleiben wird vermindert.
	▶ Er setzt sich.	▶ Zug am Halsband + Druck auf den Po hören sofort auf. *Negative Verstärkung*	▶ Stehen bleiben wird vermindert, Sitzen wird gesteigert.

Die Wirkung kann auf zweierlei Art erfolgen:
▶ Ein Verhalten löst eine unangenehme Erfahrung aus, ein zweites Verhalten beendet die unangenehme Erfahrung. *Das Verhalten selbst ist verantwortlich, es erfolgt keinerlei Signal.*
Hund sitzt an der Leine neben dem Halter. In dem Augenblick, in dem der Halter losgeht, entsteht Zug am Halsband. Sobald der Hund aufsteht und dem Halter folgt, lässt der Zug am Halsband nach bzw. hört auf.
Erstes Verhalten: Sitzen bleiben verursacht Zug am Halsband.
Zweites Verhalten: Nachfolgen beendet Zug am Halsband.
▶ Ein erwartetes negatives Erlebnis kann vermieden werden, wenn es vorher durch ein Signal angekündigt wird.
Hund sitzt an der Leine neben dem Halter. Der Halter sagt »Komm« und kündigt damit an, dass er weitergehen will.
Wenn der Hund daraufhin sofort aufsteht und mitgeht, kann er den Zug am Halsband von vornherein vermeiden.
Nachdem das ein paar Mal passiert ist, weiß der Hund: »Komm« kündigt an, dass er Zug am Halsband vermeiden kann, wenn er sofort aufsteht und mitgeht. Für den Hund kann natürlich auch etwas anderes zum Ankündigungssignal werden, z. B. das Heben eines Fußes oder sogar schon die körperliche Anspannung, die dem Heben des Fußes vorausgeht.

POSITIVE STRAFE UND NEGATIVE VERSTÄRKUNG ▶ Sie arbeiten zusammen: Wenn eine positive Bestrafung und die damit verbundenen unangenehmen Gefühle durch ein anderes Verhalten beendet werden, wird dieses Verhalten mittels einer negativen Verstärkung gesteigert. *Das auf eine Strafe folgende Verhalten wird also verstärkt.*
Wenn die durch die positive Strafe verursachten unangenehmen Gefühle jedoch *nicht gleichzeitig* mit dem Ende des unerwünschten Verhaltens aufhören, wird dieser Lerneffekt erheblich beeinträchtigt. Das geschieht schon, wenn Strafe und das erwünschte Verhalten nur zehn Sekunden überlappen.
Im Hinblick darauf, was erwünscht/unerwünscht oder angenehm/unangenehm ist, bestehen individuelle Unterschiede. Damit eine Strafe auch als eine solche empfunden wird und keine

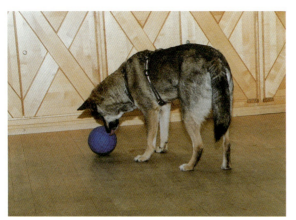

Auch der richtige Umgang mit dem Futterball muss erlernt werden. Hunde, die nicht gleich am Anfang schnell Erfolg haben, wenn sie den Ball mit der Nase herumschieben, werden frustriert. Dann wird häufig in den Ball gebissen. Das ist weder für den Ball noch für die Zähne gut. Schlimmstenfalls kann man sich mit den Zähnen in den Löchern verfangen.

Lösung: Am Anfang schnell Futterstücke hinlegen, so dass der Hund beim Rollen jedes Mal was findet, oder aber ganz kleine Trockenfutterstücke einfüllen, dann fallen ganz viele heraus.

unbeabsichtigte Verstärkung stattfindet, müssen Strafreize, ebenso wie Belohnungen, auf die entsprechende Situation, das Verhalten und das Temperament des Hundes zugeschnitten sein.

Wenn möglich, sollte der Strafreiz der Motivation angepasst werden und die Sinnesqualität ansprechen, die mit dem unerwünschten Verhalten direkt verknüpft ist.

Eine angemessene Strafe für einen aufdringlichen Hund wäre zum Beispiel, dass er für kurze Zeit aus dem Zimmer gebracht wird. Er möchte ganz intensiven sozialen Kontakt und ist deswegen aufdringlich – und verliert durch sein unerwünschtes Verhalten genau das, was er im Augenblick am meisten möchte.

KÖRPERLICHE ZÜCHTIGUNG VON HUNDEN ▶ Sie sollte grundsätzlich vermieden werden. Sie schädigt das Verhältnis zwischen Hund und Mensch und beinhaltet eine ganze Reihe von Risikofaktoren:

▶ Sie ist gefährlich für ungeübte Hundehalter.

▶ Sie ist im Allgemeinen wenig erfolgreich im Hinblick auf eine *wirkliche und andauernde Änderung* des Verhaltens.

▶ Gerade bei aggressivem Verhalten kann es in diesem Zusammenhang zu weiteren problematischen Verhaltensweisen kommen:

▶ Das aggressive Verhalten kann einer Person gegenüber erfolgreich unterdrückt werden, aber gegenüber einer anderen, die vielleicht weniger geschickt ist oder in der Hierarchie tiefer steht, überraschend zum Ausbruch kommen.

▶ Oft kann zwar eine erfolgreiche Unterdrückung von Knurren und Zähne zeigen erzielt werden. Aber dies schadet häufig mehr als es nützt, da auf diese Weise Signale, die eine aggressive Reaktion ankündigen, nicht mehr gezeigt werden. Damit entsteht letzten Endes eine sehr viel unüberschaubarere und damit gefährlichere Situation.

INDIREKTE STRAFE ▶ So weit wie möglich sollten statt interaktiver Strafen, also Strafen, die der Hundeführer dem Hund direkt zufügt, *indirekte* und über Entfernung kontrollierte Strafreize angewendet werden. Gut wirkt, wenn sozusagen die Umwelt selbst für die Strafe verantwortlich erscheint. Dazu kann man z. B. Fallen aufbauen. Bei einem Hund, der laufend die Arbeitsfläche in der Küche abräumt, könnte man z. B. mit kleinen Geldstücken oder Steinen gefüllte Dosen so aufbauen, dass sie in dem Augenblick laut klappernd herunterfallen, wenn der Hund seine Beute vom Tresen nimmt. Damit ist das Ziel der Strafe das unerwünschte Verhalten und nicht der Hund. Beim geringsten Zweifel sollte man darauf verzichten, den Hund zu bestrafen. Ohrfeigen, Schläge ins Gesicht, Verhauen, Treten, Prügeln oder gar Aufhängen sind keine angemessenen Strafen, sondern Misshandlungen und damit tierschutzrelevant.

▸ **Kriterien für positive Strafe**

Damit eine positive Strafe die beabsichtigte Wirkung hat, müssen die folgenden Kriterien eingehalten werden.

DER RICHTIGE ZEITPUNKT (TIMING)

▸ Eine Strafe muss so schnell auf das unerwünschte Verhalten folgen, dass sie damit auch verknüpft werden kann. Mit jeder Sekunde, die zwischen dem unerwünschten Verhalten und der Strafe verstreicht, sinkt die Wirkung und ist nach 30 Sekunden fast bei 0 angelangt. Die beste Wirkung hat eine Strafe, die
▸ beim ersten Auftreten des unerwünschten Verhaltens erfolgt,
▸ zum frühest möglichen Zeitpunkt erfolgt, und zwar am besten schon bei der *Absicht*, dem schwächsten Glied in der Verhaltenskette,
▸ mit dem unerwünschten Verhalten überlappt.

Mit Max kann man gut arbeiten – er spielt mit ebenso großer Begeisterung wie er frisst.

Zu große Nähe wirkt demotivierend! Obwohl hier Futter angeboten wird, wendet Max Kopf und Blick ab.

halten zu unterdrücken. Dieses Minimum ist abhängig von Rasse, Typ und individuellen Charaktermerkmalen des Hundes sowie der Situation (Motivation).

Wenn innerhalb von drei bis fünf Versuchen keine Wirkung zu beobachten ist, sollte man die Situation neu überdenken und entweder den Strafreiz verändern oder ihn sogar ganz aufgeben.

KONSEQUENZ ▶ Der dritte Faktor, der erforderlich ist, damit Strafen die erwünschte Wirkung haben, ist Konsequenz. Darunter versteht man, dass ein bestimmtes Verhalten *immer* eine Strafe nach sich zieht. Andernfalls, oder wenn ein und dieselbe Verhaltensweise sogar abwechselnd angenehme und unangenehme Folgen hat, ist es für den Hund unmöglich, die erwünschte Verknüpfung herzustellen. Das bedeutet Stress: Der Hund kann das Richtige, das unerwünschte Verhalten zu unterlassen, nicht lernen.

Wenn Strafen nicht zum richtigen Zeitpunkt, nicht in der richtigen Intensität und nicht jedes Mal, wenn das unerwünschte Verhalten gezeigt wird, erfolgen, ist eine zufrieden stellende Assoziation nicht möglich. Es sollte nie gleichzeitig an mehreren, sondern immer nur an einem unerwünschten Verhalten gearbeitet werden.

Im täglichen Leben ist das zuverlässige Einhalten dieser Kriterien oft nicht möglich. Mit Hilfe von speziell vorbereiteten Trainingssituationen kann die Assoziation von Strafe und dem anvisierten unerwünschten Zielverhalten besser sichergestellt und eine zufällige unerwünschte Verknüpfung vermieden werden.

DIE RICHTIGE STÄRKE (INTENSITÄT)
▶ Neben dem Zeitpunkt ist auch die Stärke der Strafe von Bedeutung. Übermäßig harte Strafreize sollten vermieden werden, aber es ist wichtig, dass die Strafe schon beim ersten Mal ausreichend intensiv ist. Wenn man mit einer geringen Stärke beginnt und diese dann graduell erhöht, werden immer stärkere Einwirkungen nötig, ohne dass letztendlich eine erfolgreiche Unterdrückung des unerwünschten Verhaltens erzielt wird.

Die Strafe soll daher so stark sein, dass sie das unerwünschte Verhalten zuverlässig auf der Stelle abbricht. Die optimale Stärke einer Strafe wäre das Minimum, das ausreicht, um das Ver-

ZIEL DES TRAININGS ▶ Es besteht darin, dass der Hund lernt, die Trainingssituation zu überblicken und durch sein Verhalten zu kontrollieren. Dazu gehört zweierlei:

▶ **Ein Warnsignal, das die Strafe ankündigt**

Dazu sollte ein im täglichen Leben nicht häufig auftauchendes Wort oder Geräusch *zuverlässig unmittelbar vor der Strafe auftauchen*. Da es die Strafe zuverlässig ankündigt, wird es zu einem Warnsignal. Wenn eine Verknüpfung mit der darauf folgenden Strafe stattfindet, wird es zu einer konditionierten Strafe und kann selbst die Stelle der Strafe einnehmen.

▶ **Ein anderes, erwünschtes Verhalten**

Es ist nicht möglich, sich nicht zu verhalten, d. h. auf eine Bestrafung erfolgt zwangsläufig irgendein anderes Verhalten. Um zu verhindern, dass sich im Anschluss an die Bestrafung weitere unerwünschte Verhaltensweisen entwickeln, z. B. Meiden des Hundeführers, sollte daher ein anderes, erwünschtes Verhalten hervorgerufen und belohnt werden. Am besten geeignet ist ein Verhalten, das mit dem zuvor bestraften Verhalten nicht vereinbar (inkompatibel) ist. Bei einem Hund, der Menschen anspringt, wäre Sitzen ein inkompatibles Alternativverhalten.

Auf jede Strafe folgt als schnelle Reaktion innerhalb von drei bis fünf Sekunden ein Gefühl der Erleichterung, das ungefähr 10 bis 15 Sekunden andauert. Innerhalb von ungefähr zweieinhalb Minuten ist eine auf die Strafe folgende, langsamere Reaktion, nämlich eine vollständige Entspannung, eingetreten. Diese beiden körperlichen Reaktionen können genutzt werden, um Sicherheitssignale aufzubauen.

Wenn ein bestimmter Reiz, z. B. ein Lobwort, zwei bis fünf Sekunden nach Beendigung einer aversiven Einwirkung (Korrektur) einsetzt und noch einige Sekunden danach andauert, wird dieses Lob mit der Erleichterung über die Abwesenheit des aversiven Ereignisses und der darauf folgenden Entspannung verknüpft. Nach einer erfolgreichen Verknüpfung signalisiert dieser Reiz, dass keine Gefahr droht und wird auf diese Weise zu einem erlernten positiven Verstärker. Wenn beides, Erleichterung und Entspannung, mit dem Sicherheitssignal assoziiert wird, scheint sich die Wirkung des Signals zu verdoppeln.

Um diese positiven Wirkungen nach einer Strafe optimal zu nutzen, sollten aversive Reize mindestens zweieinhalb Minuten auseinander liegen. Aus demselben Grund ist es nicht sinnvoll, einen Hund im Anschluss an eine Bestrafung zu ignorieren oder zu isolieren.

▶ **Time-out**

Als eigenständige Strafe kann Ignorieren und Isolieren sehr erfolgreich eingesetzt werden, vorausgesetzt, der Hund empfindet entzogene Zuwendung als unangenehm. Da Hunde soziale Lebewesen sind, trifft dies jedoch für die meisten Hunde zu.

Dieses als »time-out« bezeichnete Vorgehen kann auf die folgenden verschiedenen Arten durchgeführt werden.

1. Der Hund verliert die Möglichkeit, sich Belohnungen zu erarbeiten. Das wirkt besonders gut in Anwesenheit von anderen Hunden. Dazu wird der Hund in Sichtweite der anderen Hunde an einen Baum angebunden und der

Halter entfernt sich ein Stück. Der Hund muss also zusehen, wie die anderen Hunde Übungen ausführen und dafür belohnt werden.

2. Der Hund verliert die Möglichkeit, Kontakt mit seinem Halter zu haben. Dazu kann er
   a. in einen anderen Raum gebracht werden,
   b. aktiv daran gehindert werden, sich seinem Halter zu nähern.

Um dabei unerwünschte Aktivitäten des Hundes zu verhindern, wird er, entweder im Raum mit dem Halter oder in dem anderen Raum, an einer kurzen Leine so befestigt, dass er bequem stehen und sitzen, aber nicht liegen kann. Man kann dazu z. B. die Leine am Türgriff befestigen und in der Tür einklemmen.

Dieser Zustand sollte zwischen 30 Sekunden und ein bis zwei Minuten andauern. Bei einem Hund, der noch immer bellt, wenn die geplante Time-out-Zeit vorbei ist, sollte weiter gewartet werden, bis er mindestens 10 bis 15 Sekunden ruhig ist, bevor er erlöst wird. Wenn das unerwünschte Verhalten sofort wieder aufgenommen wird, muss die Aktion wiederholt werden.

Ein Hund, der eine Leine trägt, kann ohne ein vorheriges Fangspiel nach einem kurzen »Es reicht« oder »Schluss jetzt« an die betreffende Stelle geführt und dort befestigt werden. Wenn diese Worte regelmäßig im richtigen Augenblick verwendet werden, können sie sich zu einer konditionierten Strafe entwickeln und anschließend allein die Unterlassung des unerwünschten Verhaltens bewirken.

> ### Zusammenfassung Strafe
>
> 1. Für eine wirksame Strafe muss als Erstes eine Verknüpfung mit Angstauslösern erfolgen.
> 2. Danach macht der Hund die Erfahrung, dass er, wenn er bei einem bestimmten Signal ein bestimmtes Verhalten zeigt, dadurch negative Folgen vermeiden kann.
> 3. Er lernt, dass er durch sein Verhalten dafür sorgen kann, dass aversive Ereignisse nicht stattfinden: Er kontrolliert die Situation. Jedes Mal, wenn das funktioniert, wird Erleichterung und Entspannung ausgelöst.
> 4. Gleichzeitig erhält der Hund jedes Mal, wenn er das richtige Verhalten ausführt und aus diesem Grund nichts Negatives passiert, den Beweis, dass das auch wirklich funktioniert: Das richtige Verhalten vermeidet zuverlässig unangenehme Folgen. Diese Überzeugung wird immer wieder bestätigt.
> 5. Je öfter das Verhalten durchgeführt wird, *ohne* dass negative Folgen eintreten, desto besser wird es dann beibehalten.
> 6. Das entsprechende Signal wird zum diskriminativen Stimulus: Es lohnt sich, *jetzt* ein bestimmtes Verhalten zu zeigen, weil dieses Verhalten sicherstellt, dass nichts Schlechtes passiert.
> 7. Reize, die mit der Erleichterung über die Abwesenheit aversiver Stimulation assoziiert sind, wirken als positive Verstärker.

Gegenkonditionierung und Desensibilisierung sind erfolgreich abgeschlossen: Paco erträgt nicht nur Nähe, konfrontative Körperhaltung und Blickkontakt, er hat sogar Spaß daran und Lust, zu arbeiten.

▶ **Konditionierte Vermeidung**

Eine Strafe zeigt einem Hund, dass ein bestimmtes Verhalten unangenehme Folgen hat. Wenn er ein Verhalten gelernt hat, mit dem er diese Folgen vermeiden kann, so hat er die Situation unter Kontrolle.

Im Gegensatz dazu werden bei einer *konditionierten (= erlernten) Vermeidung* Gefühle erzeugt, über die der Hund keinerlei Kontrolle hat, wie die beiden folgenden Beispiele von unerwünschten konditionierten Vermeidungen zeigen.

FALL 1 ▶ Ein Jagdhund läuft zu einem geschossenen Fasan und will diesen aufnehmen. Durch einen unglücklichen Zufall liegt der Fasan genau unter dem untersten Draht eines Elektrozaunes, der angeschaltet ist. In dem Augenblick, in dem der Hund den Fasan berührt, kommt er mit der Oberseite seines Kopfes an diesen Draht und erhält einen elektrischen Schlag. Das führt zu der folgenden klassischen Konditionierung: Ein elektrischer Schlag ist unangenehm und löst als angeborene Reaktion Vermeidung aus. Durch die zeitliche Paarung des an sich nicht nur neutralen, sondern sogar angenehmen Reizes »Anblick/Geruch/Berührung Fasan« mit dem elektrischen Schlag erfolgt eine Verknüpfung des Fasans mit dem elektrischen Schlag. Das führt im Anschluss zu einer Vermeidung von Fasanen:

1. Angeboren: Elektrischer Schlag = Schmerz/Schreck
   ▶ Vermeidung
2. Fasan ▶ Elektrischer Schlag = Schmerz/Schreck
   ▶ Vermeidung
3. Fasan ▶ Vermeidung

FALL 2 ▶ Ein Welpe läuft auf einem Reiterhof auf eine Pferdekoppel, die mit einem Elektrozaun gesichert ist. Als er unter dem Zaun durchläuft, kommt eine Pfütze in sein Blickfeld. Fast gleichzeitig berührt er mit der Schwanzspitze den untersten Draht und bekommt einen Stromimpuls.

1. Angeboren: Elektrischer Schlag = Schmerz/Schreck
   ▸ Vermeidung
2. Neutrale Wasserpfütze
   ▸ Elektrischer Schlag = Schmerz/Schreck
   ▸ Vermeidung
3. Wasserpfütze
   ▸ Vermeidung

Das führt nicht etwa zur Vermeidung der Koppel, sondern von spiegelnden Wasseransammlungen und damit u. a. zu Angst beim Spazierengehen nach einem Regen.

MEIDEVERHALTEN ▸ Durch eine konditionierte Vermeidung kann bewirkt werden, dass ein Hund etwas, das er attraktiv gefunden hat, in Zukunft meidet. Dazu muss mittels einer klassischen Konditionierung das entsprechende Objekt mit unangenehmen Gefühlen verknüpft werden: Direkt anschließend an das Erscheinen des Objektes, das in Zukunft gemieden werden soll, muss *überraschend* ein ausreichend aversiver Reiz erfolgen. In Folge löst dann das Erscheinen dieses Objektes jedes Mal die mit diesem Erlebnis verbundenen Gefühle aus. Das kann der Hund nicht kontrollieren, die Gefühle entstehen einfach.

Sehr wirksam ist der Einsatz einer mit Münzen oder kleinen Steinen gefüllten leeren Getränkedose. Diese wird unmittelbar, nachdem der Hund das Objekt seiner Begierde erblickt hat, hinter ihm so zu Boden geworfen, dass sie laut klappert und der Hund einen entsprechend großen Schreck bekommt.

Der Hund wird hierbei an einer langen Leine gehalten. So kann der Hundeführer am Anfang eine unerwünschte Annäherung an das betreffende Objekt unterbinden und auch einer sich möglicherweise anschließenden – eventuell kopflosen – Fluchtreaktion vorbeugen.

Je nach Hund muss dieser Vorgang unterschiedlich oft durchgeführt werden. Wie bei dem Einsatz von Strafen müssen dazu spezielle Trainingssituationen sorgfältig inszeniert werden, damit unerwünschte Verknüpfungen vermieden werden.

Auch die konditionierte Vermeidung sollte grundsätzlich erst dann eingesetzt werden, wenn alle anderen Möglichkeiten ausgeschöpft sind und der Hund ausreichend viele andere Verhaltensweisen erlernt hat und gut beherrscht.

Bei den beiden geschilderten Fällen unbeabsichtigt konditionierter Vermeidung wurde als Behandlungsmaßnahme die Gegenkonditionierung eingesetzt (siehe S. 52). Eine weitere Maßnahme gegen Angstauslöser wäre eine systematische Desensibilisierung (siehe S. 51).

Der Einsatz aversiver Methoden ist außerordentlich verführerisch, und das hat mehrere Gründe. Strafen sind in der menschlichen Gesellschaft eine übliche und akzeptierte Methode, um erwünschtes Verhalten sicherzustellen. Jeder hat also im Laufe seiner eigenen Erziehung damit ausreichend Erfahrungen gesammelt und fast jeder ist davon überzeugt, dass Strafen ihren Zweck erfüllen. Das liegt daran, dass diese Methoden meist eine – leider nur kurzfristige – Unterbrechung des unerwünschten Verhaltens bewirken. Damit wird der Eindruck erzeugt, die Strafe hätte funktioniert. Das wirkt auf den »Strafenden« als Belohnung und verstärkt sein Verhalten: Mit der Zeit wird er öfter und härter strafen.

Außerdem löst unerwünschtes Verhalten des Hundes beim Halter häufig Gefühle von Ärger und Frustration aus, und, damit einhergehend, Aggression.

> **Wichtig**
>
> Wer an sich selbst im Zusammenhang mit unerwünschtem Verhalten intensive Gefühle wie Ärger oder Wut wahrnimmt, sollte den Einsatz aversiver Maßnahmen genau überprüfen. Ihre Wirkung beruht darauf, dass sie durchdacht und präzise ausgeführt werden müssen. Das wird durch Ärger, Wut und Aggression beeinträchtigt.

Mit aversiven Maßnahmen kann man sich Luft verschaffen. Die dadurch bewirkte kurzfristige Erleichterung wirkt ebenfalls als Belohnung für den Strafenden.

Flooding

Auch Flooding (Überflutung) muss als aversive Methode bezeichnet werden. Dabei wird der Hund dem betreffenden Reiz in voller Stärke so lange ausgesetzt, bis seine Angst merkbar vermindert ist. So macht er die Erfahrung, dass er diesen Reiz aushalten kann. Ein Flucht- bzw. Meideverhalten wird unterbunden. Beim Flooding wird eine Ermüdung der körperlichen Angstreaktionen erzielt, einhergehend mit der anschließenden Wahrnehmung, dass Flucht als Lösung dieser Situation nicht erforderlich ist. Diese Methode kann sehr wirksam sein, vorausgesetzt sie wird richtig angewendet.

KRITISCHE PUNKTE ▶

1. Die Sicherheit aller Beteiligten muss gewährleistet werden.
2. Erst wenn der Hund keine oder deutlich sichtbar weniger Anzeichen von Angst zeigt, darf eine Übung beendet werden.
3. Der Hund darf keine Möglichkeit haben, sich dem Reiz zu entziehen, also sich z. B. zu entfernen oder zu flüchten.

Wenn diese Voraussetzungen nicht sichergestellt werden können, wird das Verhalten voraussichtlich verschlechtert werden. Ich selbst wende diese Methode aus den folgenden Gründen nicht an:
▶ Angst versetzt den gesamten Körper in Alarmbereitschaft und fordert von Kreislauf und Atmung Höchstleistungen. Es ist also ein körperlich sehr anstrengender Zustand.
▶ Eine Beruhigung erfolgt, weil die körperlichen Reaktionsmöglichkeiten erschöpft werden, nicht, weil das betreffende Lebewesen erkennt, dass dieser Reiz nicht gefährlich ist.
▶ Es könnte Stunden dauern, bis der Hund in einem Zustand ist, in dem eine Übung beendet werden darf.
▶ Eine Überschreitung der physischen und psychischen Belastbarkeit ist möglich.
▶ Es gibt andere wirksame, weniger tierschutzrelevante Behandlungsmöglichkeiten.

Service

137	Zum Weiterlesen	138	Register
137	Nützliche Adressen	140	Impressum, Bildnachweis

▶ Zum Weiterlesen

Abrantes, Roger: **Hundeverhalten von A – Z.** Kosmos, 2005.
Del Amo, Celina; R. Jones-Baade; K. Mahnke: **Der Hundeführerschein.** Ulmer, 2001.
Donaldson, Jean: **Hunde sind anders.** Kosmos, 2000.
Feddersen-Petersen, Dr. Dorit: **Hundepsychologie.** Kosmos, 2004.
Jones, Renate: **Welpenschule leichtgemacht.** Kosmos, 2002.
Jones, Renate: **Aggressionsverhalten bei Hunden.** Kosmos, 2003.
Lieberman, D. A.: **Learning.** Brooks/Cole Pacific Grove, California, 1993.
Lindsay, R.S.: **Applied dog behaviour and training.** Iowa State University Press, Band 1 2000
Lindsay, R.S.: **Applied dog behaviour and training.** Iowa State University Press, Band 2 2001
Murray, Sidman: **Coercion and its Fallout Authors Cooperative.** Inc. Publishers P.O. Box 53, Boston, MA 02199.
Pryor, Karen: **Positiv bestärken, sanft erziehen.** Kosmos, 1999.
Reid, P. I. **Excelerated Learning.** James and Kenneth Publishers, Oakland, California
Schöning, Barbara: **Hundeverhalten.** Kosmos, 2001.
Schöning, Barbara: **Hundeprobleme.** Kosmos, 2005.

▶ Nützliche Adressen

Verband für das Deutsche Hundewesen e.V. (VDH)
Westfalendamm 174
D-44141 Dortmund
Tel.: 0231 56 50 00
Fax: 0231 59 24 40
Info@vdh.de
www.vdh.de

Österreichischer Kynologenverband (ÖKV)
Siegfried Marcus-Str. 7
A-2362 Biedermannsdorf
Tel.: 0043 2236 710 667
Fax: 0043 2236 710 667 30
office@oekv.at
www.oekv.at

Schweizerische Kynologische Gesellschaft (SKG)
Länggassstr. 8
CH-3001 Bern
Tel.: 0041 313 01 58 19
Fax: 0041 313 02 02 15
Skg.scs@bluewin.ch
www.hundeweb.org

Berufsverband der Hundeerzieher/innen und Verhaltensberater/innen (BHV)
Eppsteiner Str. 75
D-65719 Hofheim
Tel.: 06192 958 11 36
Fax: 06192 958 11 38
info@bhv-net.de
www.bhv-net.de

Gesellschaft für Tierverhaltenstherapie (GTVT)
c/o Dr. U. Bonengel
Am Kellerberg 18a
D-84175 Gerzen
Tel.: 08744 17 50
Fax: 08744 84 93
www.gtvt.de

Bundestierärztekammer (BTK)
Oxfordstr. 10
D-53111 Bonn
Tel.: 0228 72 54 60
Fax: 0228 72 54 666
geschaeftsstelle@btk-bonn.de
www.bundestieraerztekammer.de

Deutscher Hundesportverband e. V. (dhv)
Gustav-Sybrecht-Straße 42
D-44536 Lünen
Tel.: 0231 87 80 10
Fax: 0231 87 80 122
info@dhv-hundesport.de
www.dhv-hundesport.de

Stiftung für das Wohl des Hundes
Gugelmattstr. 36
CH-8967 Widen
Tel.: 0041 56 631 80 18
Fax: 0041 56 631 80 18
info@certodog.ch
www.certodog.ch

Email der Autorin :
renate.jones@arcor.de

Register

Abwenden 80
Aggression gegenüber Fremden 104
Aggressionsformen 7
Aktives Ignorieren 62
Alternativverhalten 80
Angeborenes Verhalten 109
Angst 9
Anpassung des Verhaltens 110
Aufmerksamkeit 92
Aus 87 ff.
Auslastung des Hundes 44, 101
Auslöser für aggressives Verhalten 14, 16, 65
Aversive Methoden 125

Backward Chaining 78
Belohnung 30, 120
Berührungen 15, 75
Bestechung 32
Beuteaggression 8
Blickkontakt 58, 91
Blocken eines Reizes 118
Bringsel 81

Chaining 78
Cklicker 35, 88, 102, 114

Definition von Aggression 7
Desensibilisierung 51, 66
Diagnose 10
Diskriminativer Stimulus 72

Entspannungssignale 64
Erfolgsaussichten 5
Erwünschtes Verhalten 70, 79
Extinction Burst 124
Familie, Aggression innerhalb der 41
Fehler 5, 93
Fisher Disks 95
Flooding 135
Fluchtdistanz 14
Formen 73 f.
Forward Chaining 78
Frustration 9
Frustrations- und Lerntest 13
Frustrationskontrolle 86
Frustrationstoleranz 13
Futter als Belohnung 32, 75
Futter ausschleichen 77
Futter vorsichtig nehmen 85

Futterbehälter 34
Füttern aus der Hand 55, 58

Gegenkonditionierung 52, 66, 100
Gewöhnung 111
Gib's her 90

Halter, Selbsteinschätzung 12
Hausleine 43
Hilfsmittel beim Belohnen 34
Hörsignale 12
Hund-Hund-Aggression 41, 104, 106
Hund-Mensch-Aggression 41

Ignorieren 43, 131
Indirekte Strafe 128
Individualdistanz 14
Individuelle Betreuung 28
Individuelle Fitness 109
Instrumentelle Konditionierung 70, 119
Intensität der Strafe 130
Interaktiver Schlüssel 61
Intermittierende Belohnung 121

Jackpot 116, 121
Jagdverhalten 8, 105
Jumpstart 121

Kastration 17, 106
Klassische Konditionierung 112
Konditionierte Vermeidung 133
Konfrontation mit aggressivem Hund 39
Kontext des Lernens 70
Kontrolle der Situation 69
Kopfhalfter 48, 76, 80
Körperliche Ursachen 10, 16
Körperliche Züchtigung 128
Körpersprache, menschliche 31
Kritische Distanz 14

Latente Hemmung 117
Lernen 109
Lernphasen 71
Lob als Belohnung 32
Löschung 118, 124

Maulkorb 46 f.
Medikamente 67
Motivation des Hundes 28, 120

Name des Hundes 92
Negative Strafe 94
Nein 92
Nimm's 87

Operante Konditionierung 70
Organische Ursachen 10, 16

Pavlov 113
Pfeife 36
Platz 85
Positive Strafen 43
Prognose 18

Rangordnung 9, 106
Reaktivität 16
Ressourcenzugang 9, 53
Rückruf 36, 82, 84
Rückzugsort 49

Schleppleine 44
Schnauzengriff 43
Schutz vor aggressiven Hunden 39
Shaping 73
Signalkontrolle 73
Signalwort 72
Sitz 56, 84
Sofortmaßnahmen 40
Spielen als Belohnung 30
Strafe 125, 132, 134
Strafe, negative 126
Strafe, positive 126, 129
Stress 122
Suchspiel 102

Therapiehunde 37
Therapiemenschen 37
Therapiemöglichkeiten 5
Therapieplan 96
Time-out 131 f.
Timing bei Strafen 129
Trainingsbedingungen 29

Überempfindlichkeit 112
Überschattung eines Reizes 116
Umgang, Hund und Halter 12, 98
Umgerichtete Aggression 9

Verbotswort 92 f.
Verstärkung 23, 27, 120
Verstärkung, negative 126
Vorbericht 11

Basiswissen zum Praxisbuch

Die optimale Ergänzung zum vorliegenden Buch

Renate Jones
Aggressionsverhalten bei Hunden
176 Seiten, 32 Abbildungen
€/D 14,90; €/A 15,40; sFr 25,80
Preisänderungen vorbehalten
ISBN 3-440-09301-8

Dieses Buch beschreibt die theoretischen Grundlagen von Aggression und warum sie natürlicher Bestandteil des Hundeverhaltens ist. Auch das Verhalten der Wölfe wird beleuchtet und welche Möglichkeiten diese zur Konfliktvermeidung haben. Denn nur gegenseitiges Verstehen und gemeinsamer Jagderfolg sichern das Überleben in freier Wildbahn.

www.kosmos.de

Bildnachweis
Farbfotos von Michael W. Fox (3: S. 42, 43), Thomas Höller/Kosmos (1: S. 6), Robert Jones (3: S. 4, 10, 11), Nikolaus Kaubisch (4: S. 5, 39), Gerhard Mersch (38: S. 7, 30, 31, 34, 36, 37, 38, 40, 41, 47, 48, 54, 61, 80, 86, 87, 108, 116, 117, 121), T. Rauch-Spatschek (2: S. 49), Marc Rühl/Kosmos (1: S. 136), Christof Salata/Kosmos (17: S. 15, 20, 21, 22, 23, 26, 27, 35, 44, 50, 79, 85, 124), Dr. Esther Schalke (4: S. 25, 106) und Karl-Heinz Widmann/Kosmos (6: S. 1, 2 (Freisteller), 9, 12, 13, 17). Alle weiteren 92 Fotos sind von Köhl & Kühnert.
Farbzeichnungen von Dr. Renate Jones (2: S. 15, 115)

Impressum
Umschlag von eStudio Calamar unter Verwendung von zwei Farbfotos von Karl-Heinz Widmann (Vorderseite) und Köhl & Kühnert (Rückseite).

Mit 173 Farbfotos und 2 Farbzeichnungen.

Alle Angaben in diesem Buch erfolgen nach bestem Wissen und Gewissen. Sorgfalt bei der Umsetzung ist indes dennoch geboten. Der Verlag und die Autorin übernehmen keinerlei Haftung für Personen-, Sach- oder Vermögensschäden, die aus der Anwendung der vorgestellten Materialien und Methoden entstehen könnten.

Informationen senden wir Ihnen gerne zu

Bücher · Kalender · Spiele · Experimentierkästen · CDs · Videos
Natur · Garten & Zimmerpflanzen · Heimtiere · Pferde & Reiten · Astronomie ·
Angeln & Jagd · Eisenbahn & Nutzfahrzeuge · Kinder & Jugend

KOSMOS Postfach 10 60 11
D-70049 Stuttgart
TELEFON +49 (0)711-2191-0
FAX +49 (0)711-2191-422
WEB www.kosmos.de
E-MAIL info@kosmos.de

Bibliographische Information der Deutschen Bibliothek
Die Deutsche Bibliothek verzeichnet diese Publikation in der Deutschen Nationalbibliografie; detaillierte bibliografische Daten sind im Internet über http://dnb.ddb.de abrufbar.

Gedruckt auf chlorfrei gebleichtem Papier

© 2005, Franckh-Kosmos Verlags-GmbH & CoKG, Stuttgart
Alle Rechte vorbehalten
ISBN 10: 3-440-10137-1
ISBN 13: 978-3-440-10137-7
Redaktion: Hilke Heinemann
Gestaltungskonzept: eStudio Calamar
Produktion: Kirsten Raue / Markus Schärtlein
Printed in Czech Republic / Imprimé en République tchèque

Postfach 14 03 53
53058 Bonn

info@gkf-bonn.de